D1728879

REITERTREFF
SCHLEUSENHOF

ELKE
MÜLLER-MEES

ULRIKES
TRAUM
VOM PFERD

FRANCKH-KOSMOS

Umschlaggestaltung von Theodor Bayer-Eynck, Berlin
unter Verwendung eines Fotos von Sigrun Geveke

CIP-Titelaufnahme der Deutschen Bibliothek

Müller-Mees, Elke:
Ulrikes Traum vom Pferd / Elke Müller-Mees. – Stuttgart :
Franckh-Kosmos, 1991
(Reitertreff Schleusenhof)
ISBN 3-440-06243-0

© 1991, Franckh-Kosmos Verlags-GmbH & Co., Stuttgart
Alle Rechte vorbehalten
ISBN 3-440-06243-0
Printed in Czechoslovakia / Imprimé en Tchécoslovaquie
Satz: Typobauer Filmsatz GmbH, Ostfildern 3
Herstellung: Aventinum Verlag, Prag

Reitertreff Schleusenhof
Ulrikes Traum vom Pferd

ABSCHIED VON PALEYKA

»Nicole Uphoff hat die Weltmeisterschaft gewonnen, und du machst ein Gesicht wie zehn Tage Regenwetter!«

Ditte stemmte beide Arme in die Seite und schüttelte verwundert ihre roten Locken. Das sah der Freundin ähnlich. Die Sonne schien seit Tagen sommerlich warm, und während alle Welt sich freute, saß die schwarzhaarige Ulrike da und starrte mit ihren ebenso schwarzen, immer ein wenig traurig blickenden Augen Löcher in den blaßblauen Himmel.

Manchmal hatte man es mit Uli wirklich nicht leicht. Auch jetzt zeigte sich ein schmerzlicher Zug um ihren Mund. Sie stützte das schmale Gesicht in die linke Hand.

»He, was ist los?« Ditte setzte sich zu der Freundin auf die Bank, die den Stamm der Rotbuche umgab.

Das war auf dem Schleusenhof der beliebteste Platz der fünf, von ihnen Thingplatz genannt. Er lag etwas erhöht im Zentrum der alten und neuen Gebäude und bot einen guten Überblick. Hier schmiedeten sie Pläne, gaben sich nach harter Trainingsstunde der 16-Uhr-Abteilung »Fortgeschrittene Jugendliche« dem Nichtstun hin und hatten sich auch schon manchen Kummer von der Seele geredet.

Da Ulrike eine passionierte Reiterin war, konnte es für ihre Traurigkeit nur einen Grund geben, wenn die Lage ansonsten okay war.

»Paleyka ist krank«, vermutete Ditte.

Die Trakehnerstute Frau Opmanns, die Ulrike in einer sogenannten Reiterbeteiligung reiten durfte, war ihr ein und alles. Sie
liebte das Pferd und pflegte es, als ob es ihr eigenes wäre. Mit
Paleyka wollte sie eines Tages ihre ersten großen Turniere gewinnen.

Ulrike schreckte hoch. »Wie kommst du darauf? Ich bin doch
vorhin noch bei ihr gewesen.«

»Ich dachte nur.« Ditte hob die Schultern. »Du sitzt hier wie
ein Häufchen Unglück.«

»Mein Großvater liegt in Frankfurt in der Uniklinik, und es ist
ziemlich schlimm, glaube ich.«

Verständlich, daß die Freundin traurig war. Ditte wußte, wie
sehr Ulrike an ihm hing. Sie kannte die humorvollen Briefe, die
er seiner Enkelin schrieb. Zum Geburtstag und zu Weihnachten
bekam Ulrike von ihm stets wohlüberlegte Geschenke; Bücher,
die sie sich wünschte, eine neue Reitgerte oder Sporen. Einen
solchen Großvater hätte Ditte selbst gern gehabt. Ihre beiden
hatte sie nie kennengelernt; sie waren schon tot.

»Glaubst du, es ist so schlimm, daß er . . .?« Ditte brachte es
nicht über sich, auszusprechen, was sie meinte.

Ohne sie anzusehen, den Blick immer noch in den blaßblauen
Himmel gerichtet, nickte Ulrike. Ihre Augen füllten sich mit
Tränen. »Er wird sterben, ich weiß es.«

Ditte krauste die Sommersprossennase. »Sagt dir deine Mutter
denn nichts Genaues? Ist schließlich ihr Vater, oder?«

»Sie sagt, man muß abwarten.« Sehr plötzlich drehte Ulrike
sich zu ihr herum. »Dabei – abwarten ist das Schlimmste. Man
kann gar nichts tun. Ich würde so gern irgend etwas machen.
Aber was?«

Darauf wußte Ditte auch keine Antwort. Die kleine drahtige
Person, die eigentlich Dorothea hieß, fühlte sich überfordert, in
einer solch schwierigen Situation Trost zu spenden.

Eine Weile saßen sie beide da, schweigend und jeder in seine

Gedanken versunken. Schließlich meinte Ditte: »Er hat dir tolle Briefe geschrieben. Du liebe Zeit, waren die komisch! Warum schreibst du ihm nicht einen ins Krankenhaus, so einen, worüber er sich richtig freut?«

Ulrike wischte sich mit dem Handrücken über die Augen. »Feuerkopf, das ist eine gute Idee. Das mache ich sofort, wenn ich nach Hause komme.«

Ditte stand auf. »Komm, heute ist Springstunde angesagt. Das wird dich ablenken.«

Während sie den Hof überquerten, versuchte Ditte ihr Bestes, die Freundin aufzuheitern. In gewohnt munterer und temperamentvoller Art berichtete sie ein Erlebnis aus dem Englischunterricht.

»Stell dir vor, und dann hat die Schaumann Georgs Schultasche genommen und aus dem Fenster geworfen, einfach so, ohne Ankündigung. Du hättest sein Gesicht sehen sollen, dem ist fast der Unterkiefer heruntergefallen.«

Weiter kam Ditte nicht. Die Tür zum Büro öffnete sich. Peter Soltau, gefolgt von Niko, Andi und Nadine, strebte in Richtung Ställe. Als er die beiden Freundinnen bemerkte, winkte er sie zu sich heran.

Dem Reitlehrer fühlten sich die fünf verbunden, seit er ihnen vor Jahren zum erstenmal in den Sattel geholfen hatte. Peter Soltau war Freund und Kumpel und Respektsperson, alles in einer Person, sie duzten oder siezten ihn je nach Sachlage und Gegebenheit.

Mit dem Duzen allerdings tat Ulrike sich schwer. Die Gefühle, die sie dem Reitlehrer entgegenbrachte, gingen über freundschaftliche Empfindungen weit hinaus. Sie vertraute ihm nicht nur, sie verehrte ihn und wünschte sich nichts sehnlicher als seine Anerkennung. Das ging soweit, daß sie manchmal alle Qualen der Eifersucht durchmachte. Denn Peter Soltau war in zweiter Ehe mit Sabine verheiratet, glücklich verheiratet.

»Hallo, ihr beiden!« empfing Soltau die Mädchen.

Sein Blick verhieß nichts Gutes. Ulrike merkte es sofort, und ihr Magen krampfte sich zusammen. Intuitiv erkannte sie, es hat etwas mit mir zu tun. Mutter hat angerufen und sich wieder einmal über die viele Zeit fürs Training beschwert.

Von ihren Ängsten geplagt, brachte sie kein Wort heraus. Die Art, wie Nadine, Andi und vor allem Niko vermieden, sie anzusehen, bestärkte sie in ihrem Verdacht.

»Hallo.« Ditte wedelte mit der Hand grüßend in Richtung der Freunde. Dann fiel ihr die Verlegenheit der drei auf. »He, gibt's was Besonderes?«

Peter Soltau nahm die Mütze ab und kratzte sich am Kopf. Er hatte da eben einen Anruf bekommen, der eine Veränderung auf dem Schleusenhof brachte. An sich eine normale und gute Sache – aber er wußte beileibe nicht, wie er Ulrike das beibringen sollte.

Als er ihre ohnehin schon getrübten Augen auf sich gerichtet sah, hätte er sich gern gedrückt und wäre am liebsten zur Tagesordnung übergegangen.

Er räusperte sich: »Ulrike, ich habe gerade mit Frau Opmann telefoniert . . .«

»Ist was mit Paleyka? Ist sie doch krank?« Ulrike schaute Ditte an, als müßte sie die Antwort wissen.

»Nein«, lächelte Soltau jetzt, »krank ist Paleyka nicht. Aber sie ist eine Stute. Hast du dir je überlegt, daß sie ein Fohlen bekommen könnte?«

Im ersten Moment fand Ulrike die Idee gut. »Das wäre wunderbar, ein Fohlen. Wir haben lange keins auf dem Schleusenhof gehabt.«

So sanft wie möglich sagte Soltau: »Wir werden so bald keins haben, Ulrike. Auch Paleyka nicht.«

»Heißt das, sie . . .« Ulrike wurde plötzlich blaß um den Mund.

»Ja, die Stute zieht vom Schleusenhof weg.«

»Na, das hat doch aber Zeit!« widersprach Niko. »Erst muß

Paleyka zum Hengst. Ob sie dann gleich aufnimmt, ist noch die Frage. Und dann kann sie bei elf Monaten Tragezeit noch mindestens ein dreiviertel Jahr geritten werden.«

Soltau nickte. »Das ist schon richtig. Frau Opmann muß jedoch beruflich für ein Jahr ins Ausland. Sie weiß zwar Paleyka bei Ulrike in besten Händen, möchte die Stute aber gleich in ein Gestüt geben, damit sie sich an ein Leben als Zuchtstute gewöhnen kann. Ich habe noch versucht, sie zu überreden, Paleyka wenigstens bis zum Herbstturnier hierzulassen, vergeblich. Nun, ich kann auch verstehen, daß Frau Opmann ihr Pferd vor ihrer Abreise dorthin geben will, wo es bleiben soll. Das Gestüt ist gar nicht weit von hier, in der Nähe von Lübeck. Ihr könnt Paleyka dort jederzeit besuchen.«

»Wann?« fragte Ulrike nur.

»Schon in zehn Tagen; es ist alles arrangiert.« Unwillkürlich machte Peter Soltau einen Schritt auf das Mädchen zu, das aussah, als würde es jeden Augenblick umfallen.

Aber Ulrike wurde weder ohnmächtig, noch weinte sie. Ihre Zähne gruben sich in die Unterlippe. Ein anklagender, flehender Blick traf den Reitlehrer, die Freunde – dann drehte sie sich um und rannte in den Stall.

Wie jedesmal, wenn sie in die Box trat, schnaubte die Stute freudig. Das weiche Pferdemaul knabste spielerisch an ihren Händen herum. Ulrike ließ Paleyka gewähren. Dann drückte sie ihr heißes Gesicht gegen den Pferdehals und fing an zu weinen, lautlos und mit bebenden Schultern.

»Rike, wenn du so weitermachst, mußt du Paleyka vorm Training trockenreiben.« Angesichts ihres Kummers fühlte sich Niko hilflos. Gegen Gefahren aller Art hätte der große Bauernsohn mit dem flachsblonden Haar für dieses Mädchen sofort seine Fäuste gebraucht. In diesem Fall jedoch war damit wenig auszurichten.

Die Freunde hatten ihn vorgeschickt, um nach Ulrike zu sehen. Weder der weichherzige Andi noch die muntere Ditte sahen sich

11

imstande, Trost zu spenden. Nadine fand sich ebensowenig geeignet. Ihr Verhältnis zu Ulrike war mehr oberflächlicher Art. Sie war mit ihr nicht so vertraut wie etwa Ditte. Und zwischen ihnen gab es schon einmal Eifersüchteleien. Sie dachte an letztes Frühjahr, als Michael Harding auf dem Schleusenhof aufgetaucht war...

»Tu du etwas, Niko!« forderte Nadine, der Ulrike trotzdem leid tat. »Mach ihr klar...«

»Was?« fragte Niko.

»Daß ein Fohlen für Paleyka gut ist, weil sie alle guten Eigenschaften vererben wird, was weiß ich. Du willst doch Züchter werden. Dir wird schon was einfallen.«

Nadine hatte gut reden! Niko fiel nichts ein, jedenfalls nicht in Paleykas Box. Alle Worte schienen unpassend. So sagte er gar nichts und nahm Ulrike einfach in den Arm.

Während sein T-Shirt an der Schulter, wo ihr Gesicht lag, langsam naß wurde, streichelte er etwas unbeholfen ihre zuckenden Schultern.

»Mensch, Rike!« brachte er schließlich hervor.

Das mußte ein Zauberwort sein. Ulrike hob den Kopf, schniefte ein bißchen und sah ihn, noch Tränen in den dunklen Augen, mit einem schiefen Lächeln an. »Zu blöd, Niko! Ich hab ja gewußt, daß das eines Tages passiert. Sie ist nicht mein Pferd. Und es ist nur gut, wenn Paleyka ein Fohlen bekommt. Aber was mach ich jetzt? Das Herbstturnier und all die anderen, damit ist es aus.«

»Der Peter läßt dich doch nicht hängen. Du darfst bestimmt ein anderes Pferd reiten.«

»Da ist keins wie Paleyka.«

Einigermaßen gefaßt ging Ulrike wenig später mit Niko zurück auf den Hof. Zu Soltau und den Freunden hatten sich inzwischen die übrigen Teilnehmer der Springstunde gesellt, Marja und Moni.

Die Zwillinge, beide aschblond und mit undefinierbar graubraunen Augen hinter einer kreisrunden Brille, lebten nur vor-
übergehend bei Soltaus auf dem Schleusenhof. Ihre Eltern machten eine große Südafrikareise, weil der Vater über die dortigen
politischen Verhältnisse ein Buch schreiben wollte.

»Na, hast du dich wieder beruhigt?« fragte Marja wenig gefühl-
voll.

Zwischen den Freunden und den Zwillingen stand es nicht zum
besten. Vor allem Marja fand, daß die fünf, besonders aber Ulrike,
viel zuviel Theater um die Pferde machten. Für sie war Reiten ein
Sport unter vielen. Und sie verstand nicht, warum die anderen
Moni und ihr übelnahmen, wenn sie Tennis spielten.

Dabei war die Verbindung dieser zwei Sportarten gerade auf
dem Schleusenhof ungeheuer praktisch. Man brauchte nur hinüber zu einer der beiden Traglufthallen des benachbarten Tennisklubs zu gehen. Daß die Freunde in den monströsen grünen
Gebilden, die von den hohen Bäumen nur zum Teil verdeckt
wurden, eine Verschandelung der Landschaft sahen, fanden die
Zwillinge übertrieben.

»Ist doch schließlich nur ein Pferd«, stellte Moni, ebenso ungerührt, fest.

Das trug den beiden nicht nur von Ulrike einen vernichtenden
Blick ein.

Doch bevor einer etwas entgegnen konnte, sagte Peter Soltau:
»Dann kann's ja losgehen. Ich treff euch in zehn Minuten am
Außenviereck.«

Die Teilnehmer der Springstunde sattelten und zäumten die
Pferde auf Trense; sie schnallten die Bügel je nach Größe zwei bis
drei Löcher höher. In Gedanken an Paleyka liebkoste Ditte den
Arabohaflinger, als müsse er den Schleusenhof verlassen.

»Der Florian braucht das eben.« Beide Arme um seinen Hals
geschlungen, konnte sie kein Ende finden.

In ihrem teuren Reitdress und der blonden Mähne das anmutige Bild einer Amazone, beugte Nadine sich vor und tätschelte ihrem Tasco den Hals. Sie mußte keinen Abschied fürchten. Tasco war genauso wie Marvin ihr eigenes Pferd. Der Geldbeutel ihrer Eltern erlaubte diesen Luxus. Was für Geld zu haben war, bereitete ihr keine Probleme. Mit Liebe und Zuwendung sah es da schon anders aus; dafür hatten weder Vater noch Mutter Zeit. Deshalb betrachtete Nadine den Schleusenhof als ihr Zuhause.

Während sie umeinander und gegeneinander ritten, damit die Pferde sich lösten, waren die fünf nicht mit der gewohnten Begeisterung bei der Sache.

Niko auf Anton, einem großen, etwas knochigen Wallach, sah Ulrike ab und zu besorgt an. Ihr schmales Gesicht war wie versteinert. Sie hatte die Zähne in die Unterlippe gegraben und schien für nichts anderes als für Paleyka einen Blick zu haben.

Schüchtern und feinfühlig wie er war, wagte Andi nicht einmal, in ihre Richtung zu blicken.

Leichter Sitz, wie der Reitlehrer forderte, mit schwerem Herzen war nicht einfach. Selbst Ulrike, die sonst damit keine Schwierigkeiten hatte, wurde von Soltau kritisiert: »Gesäß am Sattel, Mädchen. Du sitzt ja wie in einem Schaukelstuhl.«

Wenn es ums Reiten ging, kannte Peter Soltau kein Pardon. Er nahm seine Aufgabe, diese Jugendlichen zu erstklassigen Reitern auszubilden, ernst. Für Unkonzentriertheit, aus welchen Gründen auch immer, hatte er kein Verständnis.

»Knie fest an den Sattel, Andi!« Mißbilligend beobachtete er, wie Andi sich vergebens bemühte, sein Pferd vor dem Hindernis geradezurichten.

Andi auf Cäsar versuchte sich zu konzentrieren. Also – Zügelfäuste nach unten; sie mußten genau eine Handbreit unter dem Widerrist des Braunen liegen. Jetzt die Hilfen mit Oberschenkel, Knie und Unterschenkelpartie!

Dem Reitlehrer entging die Korrektur nicht. »Ja, siehst du, das treibt ihn vorwärts und seitwärts!«

In der nächsten Sekunde faßte er den Arabohaflinger mit seiner Reiterin ins Auge. »Nicht so schnell, Ditte! Die Hände gleiten abwärts zum Pferdemaul!«

Schon war wieder Ulrike in seinem Blickfeld. »Schau in die Richtung, in die du weiterreitest!«

Ulrike hob den Kopf etwas, aber die dunklen Augen schwammen vor Tränen, und so sah sie das nächste Hindernis nur verschwommen. Sie nahm es nicht traumhaft sicher wie gewohnt. Paleyka holzte ab.

Das machte alles noch schlimmer. Beschämt fühlte die Unglückliche, wie ihr das Blut in die Wangen stieg. Sich vor dem Reitlehrer zu blamieren, war das Letzte, das sie sich in dieser Trainingsstunde wünschte. Doch was sollte sie tun? In ihrem Kopf hämmerte es: nur noch vierzehn Tage, vierzehn Tage.

Bei den Zwillingen ging es ebenfalls nicht ohne Kritik ab. »Marja, nicht tragen lassen! Und runter mit den Fäusten!«

Unwillig schüttelte Marja den überm rechten Ohr hochgebundenen Haarschwanz. Es nützte nichts. Pelle, ein zierlicher Westfale, riß die Stange.

Soltau fixierte Moni. »Für dich gilt dasselbe!« Als sie abholzte, schüttelte er den Kopf. »Warum ihr zwei immer dieselben Fehler machen müßt!«

Und weiter ging's. »Nadine, drück nicht die Arme so steif nach unten! Gesäß im Sattel!«

Während Nadine ihren Sitz korrigierte, beobachtete Soltau, wie Niko auf Anton zum Sprung ansetzte. Der Wallach sprang nicht sehr elegant, aber ohne das Hindernis zu werfen.

»Junge, Stil ist wichtig!« Soltau schob die Mütze in den Nakken. Eine Meisterleistung war das wirklich nicht, was seine Mannschaft heute bot. »So, und nun mit treibenden Hilfen zum Schritt durchparieren!«

Einer nach dem anderen, Niko voran, führte das Kommando mehr oder weniger gekonnt aus.

»Zügel hingeben und dann trockenreiten!«

Ohne ein weiteres Wort stapfte Peter Soltau davon.

»Au wei!« bemerkte Ditte einsichtig. »Heute hätten wir das Reiterabzeichen nicht bekommen.«

»Ich weiß auch nicht, was los war«, sagte Nadine. Sie mied es, Ulrike anzusehen.

»Mein Vater hätte mich heute nicht sehen dürfen.« Andi lächelte kläglich. »Ihm wären die Haare zu Berge gestanden.«

Selbst ein tollkühner Hobby-Busch-Reiter, wünschte Herr Hoffmann, daß sein Sohn durchs Reiten ein richtiger Mann würde. Andi dagegen liebte Pferde wie jede Kreatur; deshalb ritt er und hatte Spaß an Pferden. Er war alles andere als ein couragierter Reiter, sondern vorsichtig und zurückhaltend.

Nach dem Trockenreiten versorgten sie die Pferde. Auch das verlief ungewohnt schweigsam und machte ihnen nicht soviel Spaß wie an anderen Tagen.

»Bah, was ihr nur habt!« Marja beeilte sich mit der Hufpflege, weil sie zum Tennisspielen wollte. »War doch wie sonst!«

Die Zwillinge schoben als erste ab. Nach und nach versammelten sich die Freunde auf dem Hof. Nur Ulrike brauchte wie immer am meisten Zeit.

»Blöde Sache, das mit Paleyka!« Niko brütete finster vor sich hin. »Einerseits soll ein Pferd wie sie ein Fohlen haben, aber . . .«

Den Kopf über seinen Drahtesel gebeugt, nickte Andi. »Welches Pferd wird Uli jetzt bloß zu Turnieren reiten?«

»Sie kann den Marvin haben«, sagte Nadine. Gleich darauf schränkte sie ein: »Ist natürlich kein Vergleich zu Paleyka. Ich muß weg, ciao.«

Mit wehenden Haaren rannte sie die Einfahrt hoch, wo ein großer Wagen auf sie wartete.

»Was für'n Schlitten«, entfuhr es Andi. Dann kam er aufs Thema zurück: »Marvin wäre immer noch besser als die Schulpferde.«

Ditte brachte Andi mit einem Rippenstoß zum Verstummen.
»Uli kommt!«

Die halb verlegenen, halb erwartungsvollen Blicke der Freunde waren nicht zu übersehen. Doch Ulrike stand der Sinn nur nach einem: Sie wollte nichts mehr sehen und hören, sondern nach Hause.

»Tschüs denn!« Sie schwang sich auf ihr blaues Hollandrad.

Ditte, die fast denselben Weg hatte, spurtete hinter ihr her. »Warte doch!«

Obwohl Ulrike nicht langsamer wurde, holte Ditte sie ein.

»Mensch, bist du wahnsinnig?« japste sie.

»Versteh doch, Feuerkopf, mir reicht's!« Ulrike trat stärker in die Pedale und sah stur geradeaus.

Da fiel Ditte etwas ein. Richtig, da war ja noch die Sache mit dem Großvater, der vielleicht sterben würde. Das war zuviel auf einmal. Sie konnte verstehen, daß die Freundin die Nase gestrichen voll hatte.

»Klar doch«, brummte sie und sagte kein Wort mehr. Aber sie wich Ulrike nicht von der Seite, bis sie den gelbverputzten vierstöckigen Wohnblock in der Bachstraße erreicht hatten.

Ein kurzes Nicken zum Abschied – dann stieg Ulrike die zwei Treppen hoch. Sie war froh, daß sie erstmal allein war.

Ihre Mutter, geschieden und Studienrätin am Trittauer Gymnasium, hatte an diesem Nachmittag eine Arbeitsgemeinschaft.

Ulrike warf sich aufs Bett. Tränen, die vorher so reichlich geflossen waren, wollten nicht kommen. Sie starrte an die Zimmerdecke.

Abschied von Paleyka war so unvorstellbar. Kein Pferd, davon war sie überzeugt, hatte so freundliche braune Augen, ein so zärtliches weiches Maul. Die Stute liebte sie, Ulrike, mehr als ihre Besitzerin Frau Opmann. Paleyka würde sie vermissen, das war sicher. Sie mußte vom Schleusenhof weg, doch sie war wenigstens nicht allein. Sie würde ihr Fohlen haben.

Was das für mich bedeutet, versteht niemand. Ulrike seufzte. Ihre Mutter, das wußte sie, war bestimmt froh darüber. Sie hatte Ulrikes Pferdebegeisterung ohnehin nie verstanden. Wegen der Trainingsstunden hatte es schon manche Auseinandersetzung gegeben. Ulrikes Vorstellungen, später einmal Turnierreiterin zu werden, waren für ihre Mutter nichts anderes als Flausen.

Trotzdem – weg vom Schleusenhof bedeutete eine Trennung auf immer. Sie würde Paleyka nicht wiedersehen.

Das gab den Gedanken des Mädchens eine andere Richtung. Sie dachte an den Großvater. Auf einmal liefen die Tränen wie von selbst. Ulrike schluchzte.

Nach einer Weile trocknete sie ihr Gesicht, zog ein paarmal die Nase hoch und setzte sich an ihren Schreibtisch.

Ulrike schrieb Seite um Seite. Es wurde kein besonders fröhlicher Brief. Aber er zeigte, was in ihrem Inneren vorging. In allen Einzelheiten schilderte sie dem Großvater Paleykas Aussehen, die guten Eigenschaften der Trakehner im allgemeinen und Paleykas im besonderen. Sie erzählte von den Reitstunden, dem Reitlehrer, den Freunden. Sie berichtete ihm, daß der Schleusenhof früher ein landwirtschaftliches Gut für Ackerbau und Viehzucht gewesen sei, aus dem ein Hamburger Unternehmer in den sechziger Jahren einen Freizeitpark machen wollte. Aber er hätte Pleite gemacht. Zum Glück, denn deshalb gäbe es jetzt den *Schul- und Ausbildungsstall Schleusenhof*. Sie beschrieb ihm das frühere Gutshaus mit Hotelpension, Restaurant und Klublokal für die Reiter und den benachbarten Tennisklub. Sie erklärte sogar, woher der Name »Schleusenhof« kommt: Früher habe es hier einen Kanal gegeben, der den Großsee im Westen mit dem Mönchteich im Osten verband. Heute sei davon nur noch ein kleiner Bach übrig...

Kein Grund zur Aufregung?

Die Freunde kamen aus den Aufregungen nicht mehr heraus. Paleykas Umzug ging zu Ulrikes Schmerz und Kummer noch schneller vonstatten, als sie gedacht hatte. Die erste Trainingsstunde auf dem Schulpferd Kurfürst lag bereits hinter ihr, und die ersten Tränen darüber, daß dieser braune Hannoveraner keinen Vergleich mit der Trakehnerstute aushielt, waren geflossen.

Jetzt herrschte große Unruhe auf dem Schleusenhof. Die Holsteiner-Stute Rosenstern hatte sich einen Nageltritt zugezogen. Mit einem lahmenden Pferd war der Besitzer Harry Mantau von seinem Ausritt wiedergekommen. Er gehörte zu den Privateinstellern, und obwohl er seine Stute selbst geritten hatte, gab er Soltaus die Schuld an dem Vorfall.

»Sehen Sie sich bloß mein Pferd an!« Anklagend drohte Mantau mit dem Zeigefinger erst Sabine Soltau, dann ihrem Mann, die Stallmeister Heinzi Burmeester sofort benachrichtigt hatte. Außer ihm hatten sich einige mehr oder weniger interessierte Zuschauer eingefunden. Darunter waren Ditte, Niko und Nadine. Andi dagegen war in den Stall gegangen, um sich den Huf der Stute anzusehen.

»Wenn Sie mehr darauf achten würden, daß nicht jeder seinen Dreck einfach fallen läßt, hätte das nicht passieren können!« regte Mantau sich auf.

Das war ungerecht. Frau Soltaus Brauen zogen sich zusammen. Sie griff an ihren braunen Haarknoten, aus dem sich eine

19

Strähne löste. »Ich bitte Sie, Herr Mantau! Sie haben doch gesagt, daß es in der Nähe vom Großensee auf einem Feldweg passiert ist. Wenn die Leute dort ihren Abfall hinwerfen, sind wir nicht dafür zuständig.«

In diesem Moment wollte der mittelgroße, etwas korpulente Direktor einer Papierfabrik Widerspruch nicht akzeptieren. »Wenn ich hier auf dem Schleusenhof mein Pferd einstelle, es Ihnen anvertraue und noch teures Geld dafür bezahle – jawohl, Sie sind nicht ganz billig, wie Sie selbst wissen! –, dann erwarte ich auch, daß nichts dergleichen passiert.«

Das durfte nicht unerwidert bleiben. In ihrer temperamentvollen Art wies Sabine Soltau die Vorwürfe zurück. Ein Wort gab das andere; vergeblich versuchte Peter Soltau die beiden zu beschwichtigen. Seiner Meinung nach konnte die Angelegenheit nur in Ruhe geregelt werden. Das Pferd stand in seiner Box. Der Tierarzt war benachrichtigt. Jetzt mußte man abwarten.

Doch seine Frau hatte sich inzwischen ebensosehr in Rage geredet wie Rosensterns Besitzer. Die lauter werdenden Stimmen lockten weitere Zuschauer an. Der Lehrling Silvi war ebenso neugierig wie die Praktikantin Biene Lehmann, wer die Auseinandersetzung gewinnen würde. Nur zum Schein hielten sie die Forken für die Strohballen in der Hand. Einige Mädchen und Jungen der Kindergruppe »Fortgeschrittene Anfänger« wuselten herum oder lauschten mit offenem Mund. Unter ihnen war Danny Soltau. Die Siebenjährige, ein kaum zu bändigender Wildfang, ergriff sofort die Partei ihrer Mutter, ballte beide Hände zu Fäusten und kommentierte das Geschehen nicht eben leise.

»Recht hast du! Gib's ihm!« oder »Stimmt überhaupt gar nicht!« oder »Der hat wohl einen Vogel!« Danny deutete mit dem Finger an ihre Stirn.

Zu Soltaus Erleichterung waren seine Frau und der Privateinsteller so beschäftigt, daß sie davon nichts mitbekamen. Das fehlte ihm gerade noch, daß Danny Ärger machte! Er warf ihr einen warnenden Blick zu. »Hör auf!« zischte er. Umsonst. Als er nach dem Arm seiner kleinen Tochter griff, wich sie ihm geschickt aus und sprang außer Reichweite.

»Der ist wohl doof . . .«

Niko rettete die Situation. Er packte Danny, die diesen Angriff nicht erwartete, und hielt ihr einfach den Mund zu. Da half kein noch so heftiges Sträuben. Gegen Nikos starke Hände war nicht anzukommen. Was Danny noch sagen wollte, ging in einem gurgelnden Laut unter. Peter Soltau nickte ihm dankbar zu.

»Ich mache Sie dafür haftbar.« Harry Mantau sah Sabine Soltau drohend an.

»Das kann doch nicht Ihr Ernst sein! Keine Versicherung der Welt wird Ihnen den Schaden bezahlen.«

Tierarzt Werner Wolters kam mit seinem Kombi die Einfahrt zum Schleusenhof heruntergefahren, gerade im rechten Augenblick. Er bremste und stellte den Motor aus.

»Na, wo ist der Unglücksrabe?«

Als er die hochroten Gesichter von Sabine Soltau und dem Besitzer sah, ahnte er, was lief. Er fuhr sich durch sein strubbeliges dunkelblondes Haar und sah in die Runde. »Komme ich ungelegen?«

»Andi sieht sich den Huf gerade an.« Peter Soltau deutete zum Stall hinüber.

»Gut so«, nickte der Tierarzt. In Andis fachmännisches Wissen hatte er großes Vertrauen. Schon manchen schwierigen Fall hatten sie beide gemeinsam behandelt.

An diesem Tag bekam Harry Mantau alles in den falschen Hals. Er fuhr zornig zu Soltau herum. »Sie haben diesen Jungen an meine Stute gelassen? Das ist unverantwortlich.«

»Ich versichere Ihnen . . .«

Doch der Besitzer von Rosenstern wollte nicht hören. »Kindereien sind das, nichts weiter. Ein Junge, der Tierarzt spielt!«

Mit langen Schritten stiefelte er hinüber zu den Ställen. Peter Soltau hob die Schultern und sah Werner Wolters an. Der junge Tierarzt grinste. Dann folgten beide Mantau.

Andi, der über Krankheiten bei Pferden unglaublich viel wußte und tatsächlich schon ein halber Tierarzt war, so geschmäht zu sehen, brachte die drei Freunde auf. Niko runzelte die Stirn.

»Andi ist auf jeden Fall besser als der alte Hinschke«, verteidigte der Feuerkopf Ditte ihn vehement.

Nadine setzte sich in Trab, um Rostensterns Besitzer einzuholen. »Sie können ganz sicher sein, Herr Mantau, niemand hilft Ihrer Stute besser. Andi ist der reinste Zauberdoktor.«

Wenig später bestätigte Werner Wolters: »Das machst du fabelhaft, Andi. Was hast du festgestellt?«

Den Huf in der Hand, deutete Andi auf den drei Zentimeter langen rostigen Nagel. »Der war im Strahl. Ich habe ihn rausgezogen und das Loch zunächst mit Jod versorgt. Jetzt bin ich dabei, einen Prießnitz-Verband zu machen.«

Rosenstern stand ruhig in ihrer Box. Andi hatte Watte mit Desinfektionslösung getränkt, den Huf damit dick eingewickelt und band nun eine Plastiktüte mit Klebeband darüber.

»Sehen Sie, hier kann man Desinfektionslösung nachfüllen.«

»Großartig!«

So gelobt zu werden, machte den schüchternen Andi verlegen. Er drehte den Kopf weg und machte sich an seiner Tasche zu schaffen.

Werner Wolters wandte sich an Rosensterns Besitzer. »Das hätte ich nicht besser machen können, Herr Mantau. Der Schwitzverband wird dafür sorgen, daß die Entzündung richtig ausgeschwitzt wird. Sie können sicher sein, in ein paar Tagen ist Rosenstern wieder okay.«

Wenn auch widerwillig, nickte Mantau Andi anerkennend zu.

Sabine Soltau begleitete die Männer nicht. Ihr Zorn verrauchte nur langsam. Im Büro wartete eine Menge Arbeit, und sie mußte sich mit diesem uneinsichtigen Kerl herumschlagen, der auf einmal den Direktor herauskehrte und dickschädeliger als die Bauern schien, mit denen sie es manchmal im Gemeinderat zu tun hatten. Sie knallte die Tür hinter sich zu.

Ein Nageltritt kam hin und wieder vor, leider. Da konnte man als Reiter noch so vorsichtig sein, trotzdem verletzten sich die Pferde durch Glasscherben oder Draht oder scharfkantiges Blech.

Mit einem Seufzer setzte sich Sabine Soltau hinter die Schreibmaschine. Die neuen Bestellungen für Hafer mußten raus. Während sie auf die Tasten hämmerte, überlegte sie.

In einem hatte Harry Mantau natürlich recht. Die Leute warfen wirklich allen möglichen Abfall in den Wald. Besonders nach den Wochenenden sah der aus wie eine Müllkippe. Coladosen, Getränketüten, Papiertaschentücher, Plastiktüten, zählte sie im Geist auf. Ach ja, und die vielen Zigarettenkippen.

»Dabei ist es im Wald verboten zu rauchen«, murmelte Sabine, »allein wegen der Brandgefahr. «

Sie riß die erste Bestellung aus der Maschine und spannte ein zweites Blatt ein.

»Frau Soltau. «

Ulrike, blaß und mit geröteten Augen, stand in der Tür. Offensichtlich konnte sie sich nicht entscheiden, ob sie hereinkommen oder wieder gehen sollte.

Sie nimmt sich Paleykas Weggehen zu sehr zu Herzen – sicher haben wir sie deshalb ein paar Tage nicht zu sehen gekriegt. Sabine Soltau tat das Mädchen leid. Sie lächelte einladend.

»Komm, Rike! Ich kann etwas Ablenkung brauchen. «

Zögernd setzte Ulrike sich auf eine Stuhlkante. Sie hätte lieber mit dem Reitlehrer gesprochen. Mit einem der Freunde. Oder doch nicht? Sie wußte es nicht. Als die Frau am Schreibtisch ihr aufmunternd zunickte, brach sie plötzlich in Schluchzen aus.

Wenn einer so weint, muß man ihn lassen. Geduldig wartete Sabine Soltau, bis sich das junge Mädchen etwas beruhigt hatte.

»Was ist los?« fragte sie dann behutsam.

»Mein Großvater ist gestorben.« Ulrikes schwarze Augen sahen die Frau des Reitlehrers gequält an. Wieder kamen die Tränen. »Erst das mit Paleyka, und dann kann ich am Herbstturnier nicht teilnehmen und nun . . . Ich habe eben kein Glück.«

»Aber Ulrike, das eine hat mit dem anderen nichts zu tun«, sagte Sabine Soltau.

»Heute ist Testamentseröffnung. Mama wollte, daß ich da mitgehe. Aber ich kann das einfach nicht. Sie war ganz schön sauer deswegen.«

»Das mußt du ihr nicht übelnehmen.« Sabine Soltau überlegte. »Du bist traurig, weil dein Großvater gestorben ist. Aber sie trauert auch: Er war ihr Vater. Und außer dir hat sie niemanden, mit dem sie sich deswegen verbunden fühlt.«

Mit einem Papiertaschentuch schneuzte Ulrike sich ausgiebig. Dann steckte sie es geknüllt in die Hosentasche und lächelte zaghaft. »So hab ich das nie gesehen. Aber stimmt, traurig ist sie. Neulich abends hat sie in ihrem Zimmer sogar geweint.«

Dann nahmen ihre Gedanken eine andere Richtung. »Ich hab den Kombi von Doktor Wolters gesehen. Ist was passiert?«

»Mantaus Holsteiner-Stute hat einen Nageltritt.« In aller Kürze unterrichtete Sabine Soltau das Mädchen von dem Vorfall. Dann fügte sie hinzu: »Der Dreck im Gelände nimmt wirklich überhand. Dagegen müssen wir etwas tun, selbst wenn wir nicht dafür verantwortlich sind, wie Mantau behauptet.«

»In der Grundschule am Nachtigallenweg haben sie in der Projektwoche den Schulhof und die ganze Umgebung gesäubert«, wußte Ulrike.

Sabine Soltau zog die Brauen zusammen. »Ja, an eine ähnliche Aktion habe ich schon gedacht. Wir sprechen noch darüber. Jetzt lauf, du willst sicher sehen, was Rosenstern macht.«

Das ließ Ulrike sich nicht zweimal sagen. Doch als sie den Hof überquerte, verlangsamte sich ihr Schritt. Zu den Boxen zu gehen, bedeutete für sie jedesmal eine schmerzliche Erinnerung.

Im Tor rannte sie fast mit Nadine zusammen. »Hey, Rike, lange nicht gesehen. Hast du schon gehört?«

Ulrike nickte und wollte ihr erzählen, warum sie sich nicht hatte blicken lassen. Aber die Freundin sah auf ihre Rolex-Armbanduhr, hob sich auf die Zehenspitzen und schaute zur Hofeinfahrt hin.

»Ah, ich muß weg.« Nadine faßte mit beiden Händen die blonden Haare am Hinterkopf zusammen und wandte sich zum Gehen. »Mach's gut, du!«

Ulrike sah dem hübschen Mädchen nach, wie sie in ihrem modisch eleganten Reitdress die Einfahrt hochlief. Dann beobachtete sie, wie Nadine in ein riesiges Sportcoupé mit offenem Verdeck stieg.

Brennender Neid stieg in Ulrike hoch. Nadine hatte es gut, die hatte einfach alles. Die wohnte in einer großen Villa mit einem parkähnlichen Garten und mußte bestimmt ihr Zimmer nicht allein aufräumen und putzen, weil eine Haushälterin das alles machte. Nadine besaß zwei Bobtails und einen Kater zu Hause und hier im Schleusenhof zwei Pferde. Wenn die Freundin sich etwas wünschte, bekam sie es.

Dabei war es nicht der teure Reitdress und nicht der Sportwagen, den Ulrike ihr neidete, und alles andere auch nicht, nur die Pferde. Das heißt, Tasco und Marvin entsprachen eigentlich nicht ihren Ansprüchen, die waren längst nicht so gut wie Paleyka. Aber wenn Nadine es gewollt hätte, hätte sie jedes andere Pferd reiten können.

Wie Ditte, Andi und Niko wußte Nadine, was es für sie, Ulrike, hieß, auf einem anderen Pferd als Paleyka trainieren zu müssen. Sie zeigte Verständnis dafür, wenn die Freundin deswegen traurig war oder unwirsch.

25

Nadine war jedoch keine Reiterin mit Biß wie Ulrike, würde es nie werden. So fehlte ihr das letzte Verständnis. Und Ulrike hatte ihr ihren geheimsten Wunsch so wenig wie den anderen anvertraut.

Seit Paleyka vom Schleusenhof weggezogen war, träumte Ulrike von einem eigenen Pferd. Das war nicht allein eine Sache des Geldes, wie sie wußte. Ihre Mutter verdiente als Studienrätin nicht schlecht. Außerdem bekam sie von Ulrikes Vater Unterhalt für die Tochter. Es war einfach so, daß die Mutter für alles, was mit Pferden und Reiten zusammenhing, kein Verständnis aufbrachte. Selbst da hatte Nadine es besser. Ihren Eltern bedeutete Reiten nichts; zwei Pferde hatte sie trotzdem.

»Was planst du – einen Giftmord?« Ditte schlug der in Gedanken Versunkenen freundschaftlich auf die Schulter.

Wie ertappt, errötete Ulrike. Das konnte sie der Freundin nicht verraten. Sie alle vier genossen, daß Nadine es sich leisten konnte, spendabel zu sein. Manchen Eisbecher, manche Pizza hatten sie ihr zu verdanken und nicht zuletzt die Mi-parti-Kostüme, deren Kosten Nadines Eltern übernommen hatten. Beim Turnier um den Großen Quadrille-Preis von Selmenhorst hatten sie damit Furore gemacht.

So sagte sie bloß: »Nadine ist schon weg.«

»Sie hat's eilig in letzter Zeit.« Ditte blinzelte gegen die Sonne. »Möcht wissen wieso.«

»Stimmt«, meinte Niko, »sonst hat sie auf dem Schleusenhof fast übernachtet.«

»Vielleicht kümmern sich ihre Eltern jetzt mehr«, sagte Andi und sprach damit aus, was er sich von seinen am meisten wünschte.

»Oder ob Nadine Tennis spielt? Wie Moni und Marja?« fragte Ditte.

Inzwischen bekam Niko keine roten Ohren mehr, wenn sie auf die Zwillinge zu sprechen kamen. Marja und ihre Beziehungskisten waren Schnee von gestern, wie Ulrike sagen würde. Daß Marja ihm einen Tennis-Ted vorzog, hatte ihm zwar ziemlich zu schaffen gemacht, aber mit der Zeit kam er darüber hinweg.

Er sagte: »Niemals. Nadi fährt in diesem Superschlitten weg.«

»Ist doch der von ihrem Vater, dieser...« Andi konnte die Autotypen nicht gut auseinanderhalten.

»Himmel«, seufzte Ditte. »du müßtest von Autos soviel verstehen wie von Chemie und Biologie. Ihr Vater fährt doch einen Mercedes 500 SL. Und der Wagen, von dem sie schon zwei- oder dreimal abgeholt worden ist, ist ein BMW Z1. Außerdem ist das nicht der Chauffeur, den kennen wir doch.«

»Die Haushälterin wird gekündigt haben, deshalb muß sie früher nach Hause«, schlug Ulrike vor. Die Probleme der reichen Freundin schienen ihr nichts im Vergleich zu den eigenen. »Und der Gärtner kommt Nadine abholen, weil der Chauffeur anderweitig zu tun hat.«

Niko grinste. »Und der fährt den BMW. – Am besten, wir lassen das Rätselraten. Es bringt nichts.«

Ditte dagegen beschäftigte Nadines schneller Aufbruch sehr. »Also, ich frag mich, wer der Kerl ist.«

Eine völlig veränderte Ulrike erschien am nächsten Tag auf dem Schleusenhof. Die dunklen Augen blickten munter und beinahe übermütig in die Welt; ihr Schritt war beschwingt.

Ausgerechnet Nadine war die erste, die ihr über den Weg lief.

»Stell dir vor, ich werd' ein Pferd haben, ein eigenes Pferd!«

Vergessen waren Neid und Eifersucht. Ulrike umarmte das blonde Mädchen überschwenglich. Von so viel ungewohnter Herzlichkeit verblüfft und mit Zärtlichkeiten dieser Art nicht verwöhnt, hielt Nadine still.

Wo einer der fünf war, waren die übrigen nicht weit. Ditte, Niko und Andi kamen die Einfahrt heruntergesaust, stellten die Fahrräder ab und winkten ihnen fröhlich zu.

»He, Rike, was ist passiert?« Als erster von den dreien registrierte Niko den unbeschwerten Blick und die lebhaften Gesten. Verschwunden war der schmerzliche Zug um ihren Mund.

»Ihr erratet es nicht!« behauptete Ulrike.

Trotzdem versuchte Ditte es: »Paleyka kommt zurück.«

»Unsinn!« Ulrike, in deren Gegenwart die Freunde in den letzten Tagen vermieden hatten, die Stute auch nur zu erwähnen, lachte. Sie lachte tatsächlich.

Dann berichtete sie ihnen von ihrem großen Glück. Der Großvater hatte ihr Geld vermacht, einen Haufen Geld, genau gesagt vierzigtausend Mark. Und nicht nur das. Er hatte in seinem Testament bestimmt, daß sie das Geld nur für ein Pferd und seinen Unterhalt ausgeben durfte.

»Das hat deiner Mutter sicher nicht gefallen«, meinte Andi, der Menschen am besten einzuschätzen wußte.

»Richtig.« Ulrike nickte. »Aber sie kann nichts dagegen machen, hat der Rechtsanwalt gesagt. Das Geld ist für ein Pferd und alles, was damit zusammenhängt, bestimmt.«

»Kommt, ich geb einen aus!« Nadine setzte sich schon in Richtung Vereinslokal in Bewegung.

»Mann, Rike, das ist einfach toll.« Niko drückte die schmalen Schultern des Mädchens, daß es aufschrie. Dann runzelte er die Stirn. »Ich sehe enorme Schwierigkeiten auf Na und zukommen.«

»Na und«, zusammengesetzt aus den Anfangsbuchstaben ihrer Vornamen, bezeichnete die fünf; den Namen hatte Ditte beim Herumspielen auf dem Computer entdeckt. Na und? Das schaffen wir schon! war zu ihrer Parole geworden.

»Wieso?« fragten Nadine und Ditte wie aus einem Mund. Sie freuten sich mit Ulrike und wollten feiern statt Probleme wälzen.

Niko warf sich in die Brust. »Ganz einfach: Wo kriegen wir ein Pferd für Ulrike her?«

Mit schief gelegtem Kopf dachte Ditte nach, weniger als eine Sekunde. »Wirklich, Junge, du hast es erfaßt.«

Sie hob sich auf die Zehenspitzen und klapperte mit den Augendeckeln. »Aber denkst du nicht, daß ein Eisbecher zum Beispiel ungeheuer hilfreich dabei sein könnte?«

Da brauchte Niko nicht lange zu überlegen. »Ohne den wird's gar nicht gehen.«

»Ich komm gleich nach«, sagte der zuverlässige Andi. »Ich kontrolliere nur eben den Schwitzverband von Rosenstern.«

Ulrike meinte: »Ich würd' es vorher gern jemandem erzählen.«

»Dem lieben Peter«, erriet Nadine auf Anhieb. »Da kommt er grade.«

»Was für ein Glück! Dem Eisbecher steht nichts mehr im Wege.« Ditte warf ihr einen flehenden Blick zu. »Du lädst ihn doch auch ein, oder?«

Die Qual der Wahl

»Mädchen, das ist keine einfache Sache«, sagte Peter Soltau »Aber natürlich steh ich dir mit Rat und Tat zur Seite.«

So gut hatte ihnen das von Nadine spendierte Eis selten geschmeckt. Ditte löffelte wie ein Weltmeister, während Andi jeden Happen genußvoll im Mund zergehen ließ. Ohnehin als letzter dazugekommen, ließ er sich Zeit. Es sah aus, als würde er noch Tage weiteressen.

Ulrike dagegen merkte kaum, daß sie Vanilleeis mit Himbeeren aß, die von Schlagrahm mit Schokoladenstreuseln gekrönt waren. Ihre Gedanken eilten den Ereignissen weit voraus.

Niko ging es ähnlich. Vor lauter Aufregung bemerkte er kaum, wie das Eis schmeckte. Als zukünftigem Pferdezüchter schien ihm die Frage der Rasse am bedeutsamsten und wichtigsten.

»Selbstverständlich ein Trakehner wie Paleyka – ein anderes kommt nicht in Frage«, stellte er fest. Im nächsten Moment kamen ihm Zweifel. »Oder ein Westfale?«

»Wie Rembrandt?« Ditte hob den Blick von ihrem Eis. »Aber sind die nicht schrecklich teuer?«

Für Nadine war selbstverständlich das Beste gerade gut genug. »Vierzigtausend sind eine Masse Geld; dafür müßte Ulrike ein Klassepferd bekommen. Ich finde Trakehner besser.«

»Ein Westfale ist genauso gut«, behauptete Andi. »Denkt an Rembrandt, der ist Weltmeister geworden, und Ulrike will doch vorwiegend Dressur reiten.«

»Ich weiß nicht«, eiferte sich Niko, »der Klimke hat ja auch einen Westfalen, den Ahlerich. Aber heißt das, daß Westfalen besonders dressurgeeignet sind?«

Ditte, die ihrem Eisbecher den Garaus gemacht hatte, legte den Löffel auf den Untersetzer. »Vielleicht entscheidet sich Uli später aber doch fürs Springreiten. Dann ist ein Hannoveraner gut.«

»Was meinen Sie, Peter?« wandte Nadine sich an den Reitlehrer als Fachmann. »Wenn Sie vierzigtausend hätten, was würden Sie an Ulrikes Stelle kaufen?«

»Hannoveraner sind ursprünglich schwerer gewesen, aber durch Einkreuzung von Vollblut sind sie heute eleganter.« Bei Rassen kannte Niko sich wirklich aus. »Allerdings sind sie mehr für ihre Erfolge auf Springturnieren berühmt.«

»Holsteiner sind weichgehend und sicher springend, also ebenfalls für beides geeignet.« Andi wollte nicht zurückstehen. Er unterstrich seine Worte mit dem Eislöffel. »Und was haltet ihr von einem Welsh-Mountain? Diese Rasse wird bis 152 groß...«

»Du spinnst«, fuhr Ditte ihn an, »soll Ulrike etwa mit einem Pony auf Turniere gehen?«

»Ist kein Pony, sondern ein Kleinpferd.«

Während die Freunde sich eiferten, saß Ulrike da, stumm und glücklich. Sie dachte nur: »Ein eigenes Pferd!« Und konnte es nicht fassen.

»Mit Paleyka war Rike unschlagbar. Ich denke, ein Trakehner ist das Richtige oder ein Vollblut«, fing Niko von neuem an.

»Halt, halt!«

Peter Soltau lächelte voller Verständnis. Gleich darauf wurde er ernst. Es tat ihm leid, die fünf Jugendlichen aus ihren Träumen zu reißen, und nichts anderes als das waren Überlegungen dieser Art über Rasse und Preise. Die Wirklichkeit sah anders aus.

»Bei all euren himmelstürmenden Plänen dürft ihr eins nicht außer acht lassen: Ihr könnt nicht alles Geld, welches der Großvater Ulrike vermacht hat, für das Pferd verplanen.«

»Wieso nicht?« begehrte Nadine auf. »Ulrike sagt doch, es sind vierzigtausend. «

»Eben, und wenn ich sie richtig verstanden habe, ist das Geld für ein Pferd und dessen Unterhalt gedacht. Ihr müßt also eine Summe dafür übriglassen. «

»Na gut, ziehen wir zehntausend davon ab, dann bleiben noch dreißigtausend«, rechnete Nadine schnell.

Soltau hob die Brauen. »Das wird wohl kaum reichen. Du solltest wissen, was alles dazugehört. «

»Au wei. « Ditte sah plötzlich höchst bedenklich drein. »Reitstunden und Sattler, der Schmied und der Pensionspreis, nicht zu vergessen der Tierarzt. «

»Das kann hier unser Zauberdoktor machen. Haben wir doch gerade bei Rosenstern erlebt. « So hart auf den Boden der Wirklichkeit zurückgebracht, hatte Nadine die billige Lösung schnell zur Hand.

Bescheiden wehrte Andi ab: »Der Nageltritt war nicht schlimm. Aber alles kann ich nicht machen. Da muß Werner Wolters her. Schon bei Hufenlederhautentzündung etwa. «

Ditte, das Mathe-As, runzelte die Stirn. »Am besten gebe ich das alles mal Compi ein. Für wie viele Jahre das Geld reichen muß, Zins und Zinseszins muß dabei ebenfalls bedacht werden. «

»Keine schlechte Idee«, meinte der Reitlehrer. »Vergiß die Haftpflicht nicht. «

»Muß das sein?« Selbst Ulrike schienen auf einmal die vierzigtausend Mark wie Schnee in der Sonne dahinzuschmelzen.

Peter Soltau nickte ernst. »Ohne das geht es auf keinen Fall. Mit Pferden kann immer etwas passieren. Du willst doch ins Gelände. Erinnere dich an den Ausritt mit der Kindergruppe! Wenn es da einen Zusammenstoß mit dem Motorrad dieses Rokkerjünglings gegeben hätte, nicht auszudenken. Und nicht nur dafür ist eine Haftpflicht-Versicherung unerläßlich. «

Im Geist schon mit Kalkulationen beschäftigt, wurde Ditte aus dem Konzept gebracht. Ihre Gedanken schweiften ab. Dieser Rockerjüngling, wie der Reitlehrer ihn nannte, hieß Christian. Es kam ihr wie eine Ewigkeit vor, und doch klopfte ihr Herz schneller, als sie sich erinnerte: eine Liebe, die zu Ende war, bevor sie überhaupt richtig begonnen hatte. Und drüber weg bin ich noch nicht, gestand sich Ditte ein.

»Ich will auf keinen Fall einen Ramskopf«, sagte Ulrike gerade, als der Rotschopf aus seinen erinnerungsträchtigen Gedanken in die Gegenwart zurückkam.

»Bei einem Oldenburger sieht das nicht schlecht aus«, widersprach Niko. »Es paßt zu seinen sonst runden Formen.«

»Trotzdem!« Ulrike blieb dabei.

»Ich sehe schon, es wird nicht einfach werden.« Peter Soltau entdeckte seine Frau im Türrahmen. Er hob die Hand. »Dennoch werde ich dir selbstverständlich helfen, Ulrike.«

Die dunklen Augen des Mädchens sahen ihn dankbar an. Sie hatte es gewußt, daß der Reitlehrer ihr seine Hilfe anbieten würde. Niko und die anderen in allen Ehren – aber auf ihn und seinen Rat, das war ihr klar, konnte sie sich verlassen.

Mit raschen Schritten kam Sabine Soltau näher. Sie musterte die Gruppe, die ihr Mann um sich versammelt hatte. Ihr Blick blieb auf Ulrike hängen. Es war offensichtlich, daß hier eine Beratung stattfand, und sie war sich nicht sicher, ob Einmischung erwünscht war.

»Unter Ausschluß der Öffentlichkeit?« fragte sie.

»Nein, keineswegs.« Ulrike, ungewohnt lebhaft, deutete einladend neben sich auf die Bank. »Nur eine fabelhafte Neuigkeit!«

Es hatte schon Tage gegeben, an denen Ulrike die Frau des Reitlehrers weniger willkommen gewesen war. Überwältigt von ihren Gefühlen, spürte sie manchmal recht heftige Eifersucht; und das Schlimmste dabei war, daß sie darüber mit niemandem sprechen konnte, nicht einmal mit den Freunden.

In diesem Augenblick war das vergessen. Ulrike weihte Sabine

Soltau in ihr großes Glück ein, daß sie ein eigenes Pferd besitzen würde.

»Wir beratschlagen gerade, was es für eins sein soll«, schloß sie.

»Und was es kosten darf«, ergänzte Ditte.

»Au wei«, meinte Sabine Soltau, »da komme ich mit meinem Anliegen ja im falschen Moment. Ihr werdet keine Zeit dafür haben.«

Dann drückte sie dem neben ihr sitzenden Mädchen die Hand.

»Zuerst einmal meinen herzlichen Glückwunsch. Ich freue mich, Rike. Wenn ich dir irgendwie bei deiner Wahl helfen kann, tu ich es gern.«

»Danke, Frau Soltau«, sagte Ulrike. Ihr Blick flog jedoch unwillkürlich zu dem Mann hinüber, auf dessen Rat hin sie jedes Pferd gekauft hätte, selbst eins mit Ramskopf.

»Erzähl uns trotzdem, was dich bewegt, Sabine«, schlug Peter Soltau vor. Er sah, wie seine Frau unruhig die Fingerspitzen gegeneinanderrieb.

»Ja, wenn wir Ihnen helfen können, tun wir das«, erklärte Andi bereitwillig.

Schon oft hatte Sabine Soltau sich für die Belange der fünf eingesetzt. Wenn einer sie um Hilfe bat, konnte er sich darauf verlassen, nicht nur ein offenes Ohr, sondern gleichfalls tatkräftige Unterstützung zu finden. Für seinen Biotop, der ihm so am Herzen lag, den kleinen Teich, den er mit Hilfe der Freunde in der Nähe vom Schleusenhof angelegt hatte, war sie sogar schon im Gemeinderat vorstellig geworden, vor gar nicht langer Zeit, als das Wasser durch zuviel Gülle umgekippt war.

»Der Gedanke ist mir gekommen, als sich die Holsteiner Stute den Nageltritt zugezogen hat.« Frau Soltau erklärte ihnen, was sie vorhatte.

»Eine Säuberung des ganzen Waldes hier?« Andi deutete mit dem Arm den Umkreis an. »Das ist nicht schlecht.«

»Ja«, bestätigte Sabine Soltau, »ich möchte daraus eine richtige

Aktion machen, damit den Leuten vor Augen geführt wird, daß sie selbst die Verursacher sind.«

»Wir könnten Plakate malen«, schlug Nadine vor.

Schneller als die anderen nahm Ditte den Gedanken auf. »Dann brauchen wir ein Motto. Wie wäre es mit: Halte Wald und Felder rein – sonst bist du ein großes Schwein!«

»Ich weiß nicht, Feuerkopf«, widersprach Niko. »Da sind die Leute bestimmt beleidigt und empört.«

Ditte schmollte. »Du bist ja bloß dagegen, weil du eure Schweine in Schutz nehmen willst.«

»Richtig«, lachte der Bauernsohn Niko sie aus. »Schweine sind nämlich sehr saubere Tiere, die werfen keine Coladosen oder Plastiktüten in den Wald.«

Obwohl in Gedanken noch bei ihrem zukünftigen Pferd, hörte Ulrike mit halbem Ohr zu. »Bei so einer Aktion könnten die ›Fortgeschrittenen Anfänger‹ helfen.«

»Sogar die ganz Kleinen«, bestätigte Sabine. »Das fördert bei ihnen das Umweltbewußtsein, und das nächste Mal überlegen sie es sich zweimal, ob sie das Bonbonpapier wegwerfen.«

Nicht ganz so optimistisch wie seine Frau, meinte Soltau nur: »Hoffentlich.«

Es war also beschlossene Sache. Eine große Räumungsaktion stand ins Haus. Ditte kam noch eine gute Idee. »Am besten werfen wir das ganze Zeug auf einen großen Haufen. Damit alle mal sehen, was da zusammenkommt! Und am Abend machen wir ein großes Fest.«

Während Pläne und Termine diskutiert wurden und schließlich Gestalt annahmen, rutschte Ulrike, immer schweigsamer, unruhig auf der Bank hin und her. Ihr Gesicht spiegelte die wechselnden Empfindungen deutlich wider, wurde abwechselnd blaß und rot. Zaghaft wandte sie sich jetzt an den Reitlehrer: »Können wir trotzdem schon was wegen eines Pferdes unternehmen?«

»Sicher«, antwortete Peter Soltau. Ihm lag genau wie ihr daran, daß Ulrike bald ein eigenes Pferd bekam. Erst dann war vernünftiges Training wieder möglich. Er hatte mit dieser begabten Reitschülerin große Pläne und das nächste Turnier schon im Auge. »Weißt du, am besten sprechen wir beide zunächst mit Erwin Barsch.«

Die Zusammenarbeit mit Erwin Barsch klappte auf dem Schleusenhof prima. Der Bauer fuhr den anfallenden Mist ab, er lieferte Heu und Stroh. Nebenbei war er ein ausgefuchster Pferdekenner und betätigte sich als Händler.

Ulrike hatte Glück, ihre Geduld wurde nicht allzu lange auf die Probe gestellt. Schon zwei Tage später wurde Erwin Barsch auf dem Schleusenhof erwartet.

Inzwischen wußte die zukünftige Besitzerin eines Pferdes genau, wieviel sie dafür bezahlen konnte. Ditte hatte mit Hilfe ihres Computers Berechnungen angestellt. Ein bißchen unsicher, wie Ulrike das Ergebnis aufnehmen werde, brachte sie den Ausdruck zur nächsten Reitstunde mit.

»Hoffentlich nimmst du Compi nicht übel, daß nicht mehr dabei herausgekommen ist.«

Mit Ulrikes dunklem Haarschopf beugten sich die Köpfe der Freunde über das Blatt Papier. Die beiden Zwillinge, die ausnahmsweise nicht Tennis spielten und mittlerweile von Ulrikes Glück erfahren hatten, rückten ebenfalls näher.

»Was? Nur zehntausend Mark?« Nadine sah geradezu erschrocken auf. »Ditte, du bist wahnsinnig.«

»Wieso ich? Das hat Compi ausgerechnet.«

Viel verstand Nadine nicht von Computern, Betriebssystemen und Programmen. Soviel hatte sie allerdings schon von der Freundin gelernt: »Ich denke, ein Programm ist so gut wie der Programmierer. Nach diesem Ergebnis zu urteilen, hast du dich wenig angestrengt.«

Mit Sachverstand überflog Moni die Berechnungen. Dann

schob sie mit dem Zeigefinger ihre kreisrunde Brille auf der Nase höher. »Ich weiß nicht, was du willst. Das ist hieb- und stichfest, alles berücksichtigt.«

Ditte war froh, daß ihr jemand so unerwartet beistand. Sie legte den Arm um Monis Schultern und flüsterte ihr etwas zu.

Laut fragte sie dann: »Na, Uli, was meinst du?«

Stundenlang hatte Ulrike inzwischen diskutiert, mit ihrer Mutter, mit dem Reitlehrer. Noch abends im Bett hatte sie, weil das nicht ihre Stärke war, viel mühsamer und mit dem Taschenrechner überschlagen, was der Unterhalt eines Pferdes pro Jahr, pro Monat kostete. Ohne zu berücksichtigen, daß sie ihr Geld minus Kaufpreis anlegen und Zins und Zinseszins dafür erhalten konnte, war sie ungefähr zum selben Ergebnis gekommen. Mehr als zehntausend für das Pferd auszugeben, war schlichtweg unvernünftig.

Jetzt starrte sie auf Dittes Computerauszug, ging jede einzelne Position durch, vom teuersten Posten, monatlich 450 Mark für Unterbringung und Verpflegung, über Reitstunden zu 15 Mark, Haftpflicht und so weiter. Sie seufzte. Selbst wenn sie ab und zu im Stall half und damit die Pensionskosten verringerte, würden Großvaters übrige 30 000 Mark nicht viel länger als viereinhalb Jahre reichen.

»Wenn's einem auch komisch vorkommt, Nadine,« sagte sie mit einem schiefen Lächeln, »unser Feuerkopf hat nichts vergessen. Das stimmt schon so.«

Im Gegensatz zu Nadine fand Niko das Ergebnis durchaus erfreulich. Hauptsache war, Rike bekam ein eigenes Pferd, mit dem sie auf Turniere gehen konnte. »Also gut, das ist erledigt. Jetzt wissen wir, was Sache ist, und können uns endlich damit befassen, was für ein Pferd es sein soll.«

Das interessierte auch Andi mehr, der nie vom eigenen Pferd träumte. Allenfalls stellte er sich manchmal vor, er könnte einen alten Klepper mit den Mitteln seiner Zauberapotheke wieder auf die Beine bringen und in einen wunderbaren Hengst verwandeln.

So war Andi derjenige, der das Auto von Erwin Barsch als erster hörte. Der blaue, schon leicht angerostete Wagen mit den ausladenden Kotflügeln knatterte die Einfahrt herunter. Gleich hinter ihm kam der Tierarzt mit seinem Kombi.

Im ungelegensten Moment, fand Andi. Trotzdem begleitete er Werner Wolters, der den Nageltritt der Holsteiner-Stute kontrollieren wollte.

Die Wunde war gut verheilt. Werner Wolters nickte zufrieden. Er und Andi kamen noch rechtzeitig, um das Wesentliche mitzuhören.

»Viel kann ich Ihnen in der Preislage im Augenblick nicht anbieten, Soltau«, meinte Erwin Barsch. »Einer käme vielleicht in Frage, ein Wallach, der bei der Vorauswahl des Zuchtverbandes gute Werte, was Rittigkeit und Galoppade betrifft, erzielt hat. Ist aber dann doch nicht gekört worden und wurde gelegt, weil er einen leichten Ton hat. Deshalb ist er auch so billig. Ich hab ihn von Mensel, Sie wissen schon, dem Züchter in Itzehoe. «

Begierig hatte Ulrike zugehört. Ein junger Hengst, der zur Körung als Zuchthengst vorgesehen war, das mußte ein schönes Tier sein, auch wenn er die Prüfung dann nicht bestanden hatte und kastriert worden war. Eigentlich wünschte sie sich ja eine Stute, eine wie Paleyka mit einem dunklen, freundlichen und ruhig blickenden Auge. Nun sah sie sich schon auf einem schikken Wallach reiten. Warum nicht? Es mußte ja keine Stute sein. Und das Atemgeräusch bei Anstrengung, ein Ton, konnte leistungsmindernd, mußte es aber nicht sein. »Dieser Wallach – was für eine Rasse ist das?«

Gleichermaßen zu Ulrike und dem Reitlehrer hin antwortete Erwin Barsch: »Ein Hannoveraner, als Rassetyp ein Atmungstyp, also gut geeignet für Dressur und Springen, Kaliber 3, 6, ein Pferd mit viel Rahmen. «

Ach du liebe Zeit, die vielen Fachausdrücke! Wie die Freunde blickte Nadine den Reitlehrer ratlos an. Sie hatte das bronzene Reiterabzeichen; mußte sie da so etwas wissen?

Ulrike, die vor lauter Aufregung die Zähne in die Unterlippe grub, ging es nicht besser. Zum erstenmal schien ihr Pferdekauf eine höchst komplizierte Sache.

»Kaliber, was war das doch gleich?« fragte sie den neben ihr stehenden Andi. Der zuckte nur die Achseln.

Der zukünftige Züchter Niko wußte Bescheid. »Du mußt das Gewicht durch das Stockmaß in Zentimeter teilen.«

Ach richtig, und bei Stockmaß benutzte man den Meßstock, eine Art Galgen, erinnerte sie sich. Man legte ihn auf die höchste Höhe des Widerristes und maß die Höhe vom Boden bis dahin. Stockmaß gab etwas weniger als Bandmaß an, das man vom selben Punkt über die Schulter des Pferdes legte.

»Am besten sehen Sie sich das Pferd an.« Erwin Barsch nickte ihnen zu, und gleich darauf knatterte sein blauer Wagen davon.

»Oje«, stöhnte Ditte. Sie blies die Wangen auf, pustete die Luft hinaus. »Peter, bitte, was ist ein Pferd mit viel Rahmen?«

»Es hat einen langen Hals, lange Schultern und dadurch freie Bewegung«, erwiderte Soltau. Er faßte die »Fortgeschrittenen Jugendlichen« der Reihe nach ins Auge. »Hm, mir scheint, eine Lektion in Sachen Pferdebeurteilung ist angebracht.«

Er deutete auf Niko. »Das übernimmst am besten du. Weihe deine Freunde in die Grundbegriffe ein, ich übernehme dann den Rest bei der praktischen Anwendung. Ulrike, morgen nachmittag geht's zu Erwin Barsch, einverstanden?«

Ulrike nickte heftig.

»Wer von euch will mit?«

»Dumme Frage«, brummte Ditte und schüttelte über soviel Unverstand die roten Locken, »alle natürlich.«

MIT ZWEIERLEI MASS

Die fünf hatten dazugelernt! Zum einen hatte Niko die ihm übertragene Aufgabe ernst genommen und ihnen viel Theoretisches zur Pferdebeurteilung eingebimst. Da sie manches schon für das Reiterabzeichen gebüffelt hatten, mußten sie es sich nur in Erinnerung rufen und mit dem neu Gelernten verbinden.

So konnten sie jetzt ein Pferd nach der Nutzleistung in Renn- und Reittyp oder Wagen- und Wirtschaftstyp einteilen.

Beim Körperbau, schärfte Niko ihnen ein, kam es darauf an, daß die Schulter lang und schräg war; denn desto besser war der Raumgriff in allen Gangarten.

Ähnliches galt für den Widerrist: Bei einem langen Widerrist lag der Sattel weiter hinten, was eine bessere Bewegung der Hinterhand zuließ. Und jedesmal, wenn der Widerrist zur Sprache kam, wiederholte Andi: »Ihr wißt doch, er wird von den Dornfortsätzen der ersten Brustwirbel gebildet.«

Wie Niko sie theoretisch fit machte, wies Peter Soltau sie in die Praxis ein. Schon als sie den Stall Erwin Barschs inspizierten, um sich den Wallach anzusehen, lernten sie eine Grundregel des Pferdekaufs.

»Es genügt nicht, daß man sich das Pferd in der Box ansieht. Man muß es draußen betrachten, und zwar zuerst im Stand von der Seite. Dann von vorn, von hinten. Und anschließend bei Schritt und Trab ebenfalls von allen Seiten.«

Da halfen ihnen auch die mit Nikos Hilfe neuerworbenen

Kenntnisse: Sie achteten darauf, daß der Kopf zu den Proportionen der anderen Körperteile paßte, nicht zu groß und nicht zu schwer war. Sie überprüften seine Ohren und Augen.

»Die Ohren sind gut«, stellte Ditte fest, »fein ausgebildet, wie's sein muß. Er ist also beweglich, temperamentvoll und aufmerksam.«

Nadine begutachtete den Wallach von vorn. »Seine Augen sind okay, groß, intelligent und lebhaft.«

Dagegen war nichts zu sagen. Ulrike hatte trotzdem einen Einwand gegen den Hannoveraner. »Da kann man ja das Weiße sehen.«

Das interessierte Andi. »Einen Teil der Sklera?«

»Man sagt, dann sind Pferde schwierig zu handhaben.« Ulrike wandte sich von dem Wallach ab – der war für sie erledigt – und wollte vom Reitlehrer die Bestätigung. »Die haben ein schwieriges Temperament, stimmt doch, nicht?«

Soltaus kritischem Blick war das nicht entgangen. So endete der erste Kaufversuch mit einer Fehlanzeige.

Es blieb nicht bei dem einen.

Klüger werden ist eine Sache, geduldiger eine andere. Für Ulrike brachte jeder neue Tag ein Wechselbad an Gefühlen. Himmelhochjauchzend machte sie sich auf, wenn Soltau mit ihr zu einem Händler fuhr, stellte sich das Superpferd mit dem lieben Gesicht vor, das ihr Herz auf den ersten Blick gewann. Umso heftiger brannte die Enttäuschung, hatte es wieder nicht geklappt, und sie war zu Tode betrübt. Das war schlimmer, als unglücklich verliebt sein.

Wenn das in Betracht kommende Pferd sich als zickig, ohne gute Papiere oder von zu schlechter Kondition erwies, kam prompt das schlechte Gewissen. Dann stand sie abends am Fenster, starrte in dicke Regenwolken oder zum sternklaren Himmel hoch.

Was war bloß los? Warum klappte der Pferdekauf nicht? An

41

dem Reitlehrer konnte es nicht liegen. Er gab sich alle Mühe. Es ist meine Schuld, sagte sich Ulrike. Großvater ist gestorben, und doch habe ich mich gefreut, maßlos über sein Testament gefreut. In solchen Momenten glaubte sie, unrecht getan zu haben.

Aber schon der nächste Tag brachte wieder Hoffnung, überhöhte Erwartungen und einen neuen Fehlschlag. Eins jedoch blieb unerschütterlich, ihr Glaube an Peter Soltau: Mit ihm zusammen würde sie das Pferd aller Pferde finden.

Doch, die fünf hatten dazugelernt, aber die Zwillinge hatten andere Dinge im Kopf. Im benachbarten Tennisklub stand die Vereinsmeisterschaft ins Haus. Da beide, Moni wie Marja, gute Aussichten auf einen der vorderen Plätze hatten, erschienen sie nur noch sporadisch zur Trainingsstunde.

Daß man einen anderen Sport dem Reiten vorzog, stieß bei den fünfen auf wenig Verständnis.

»Reiten verlangt den ganzen Menschen«, behaupteten sie. Darin wußten sie sich mit Peter Soltau einig, der ebensowenig schätzte, wenn man mit halbem Herzen bei der Sache war.

Die Zwillinge ließen sich nicht nur zum Reiten seltener blicken. Den anderen Aktivitäten auf dem Schleusenhof blieben sie oft fern. Eine Woche vor der großen Säuberungsaktion des Waldes, für die Sabine Soltau die fünf begeistert hatte, war zwar genügend zu tun, aber keiner von beiden zu sehen.

Papierrollen, Stapel von Pappe, Farbtöpfe, Stifte und Pinsel, eine Menge Dachlatten – es war ein tolles Durcheinander. Auf der Putzplatte stand kein Pferd, sondern Sabine Soltau, die versuchte, den Überblick zu behalten. Große Papptafeln mußten zugeschnitten und an Dachlatten befestigt werden. Transparente aus alten Bettüchern wollten sie beschriften. Die fünf pinselten die Slogans, auf die sie sich geeinigt hatten. Etwa:

EIN SAUBERER WALD MACHT NICHT NUR REITER,
SONDERN ALLE MENSCHEN HEITER!

Sie malten passende Bilder und hämmerten, daß es eine wahre Freude war. Dazwischen wuselte Danny herum, die dort einen Nagel stiebitzte, hier mit einem Farbtopf Reißaus nahm. Sabine Soltau überlegte, daß sie die Sache ruhig den fünfen überlassen konnte, und verschwand im Büro.

All die fröhliche Geschäftigkeit hinderte die Freunde nicht, sich zu unterhalten.

»Da kann man mal sehen, wie man sich irren kann.« Es war Niko, der zu dieser tiefgründigen Erkenntnis kam. Inzwischen fiel es ihm leichter, über seine Niederlage bei Marja zu reden. Doch er sprach nur von den Zwillingen, selbst wenn er den einen meinte. »Ich hätte schwören können, ihnen bedeuten Pferde soviel wie uns.«

»Mir scheint eher, Marjas Interesse richtet sich immer danach, wer im Augenblick ihr spezieller Freund ist.« Manchmal konnte Ulrike ganz schön boshaft sein. »Und jetzt ist das dieser Ted und Tennis.«

»Nein und ja, Uli, Pferdekauf macht anscheinend blind.« Ditte kicherte. Für so etwas hatte sie schärfere Augen. »Die hat doch längst einen anderen, allerdings Tennisfreak ist der auch.«

»Wie schafft sie das nur?« wunderte sich Ulrike.

»Sie hat eben das gewisse Etwas.« Die vierzehnjährige Ditte, die selbst nicht genau wußte, was man darunter verstand, überlegte. So übel, wie Uli fand, mit der sie das häufiger diskutierte, war diese Marja nicht. Keine Sahneschnitte, aber doch okay mit dem lustigen aschblonden Pferdeschwanz überm rechten Ohr. Andrerseits – Klasse wie Nadine hatten beide Zwillinge nicht zusammen.

»Was meinst du, Nadi?«

Seit einiger Zeit zählten die Ansichten dieser Freundin, was Jungen betraf, für den Feuerkopf Ditte besonders. Um es genau zu sagen, seit dieser verfahrenen Beziehungskiste mit dem Rokker Chris. Nadines Forderung, gleiches Recht für alle, hatte ihr damals geholfen; sie hatte die Initiative ergriffen, dem Jungen deutlich zu verstehen gegeben, wie sehr sie ihn mochte.

Eingebracht hatte ihr das wenig, es war nichts daraus geworden. Nach Meinung von Chris' Rockerkumpels war sie, Ditte, zu jung, Babyblut, wie die Blödmänner das nannten. Leider hatte Chris das schließlich selbst geglaubt.

Trotzdem war Nadines Rat besser gewesen als Ulis, die Jungen gegenüber eher zurückhaltend war. Mit Uli konnte man wunderbar die geheimsten Gefühle besprechen, zum hundertstenmal oder tausendstenmal, aber sonst – direkt antiquiert, diese Vorstellungen, wenn es um Jungen und Mädchen ging. Einen echten Rat, was man tun sollte, konnte man von ihr nicht erwarten.

»Was sagst du dazu, daß Marja schon wieder einen Neuen hat?«

»Gar nichts, Feuerkopf, du nervst.« Nadine hämmerte wie wild den Nagel durch die dicke Pappe in die Dachlatte.

Über ihren eigenen Erfolg bei Jungen brauchte das gutgewachsene Mädchen nicht zu klagen. Ihre meergrünen Augen, die langen, überraschend dunklen Wimpern und ihre dichte, honigblonde Haarmähne zogen überall die Aufmerksamkeit auf sich. Nadine mochte es gern, mal mit diesem, mal mit jenem Jungen in die Disco oder ins Kino zu gehen.

»Also ich finde, die wirft sich jedem an den Hals.« Bei diesen harten Worten vermied Ulrike es, in Nikos Richtung zu sehen.

»Na hör mal«, fuhr Nadine auf. Sie fühlte sich persönlich betroffen. »Das hab ich gern. Wenn ein Junge dasselbe tut, hat niemand was dagegen. Über so was kann ich sauwütend werden. Da kann ich nur sagen...«

»Gleiches Recht für alle«, ergänzte Andi. Wenn er eins nicht leiden konnte, war das Ungerechtigkeit. Unter seinem mit sicherer Hand geführten Pinsel formten sich die Buchstaben des Mottos EIN SAUBERER WALD...

Aus solchen Gesprächen hielt er sich meist heraus. Er sprach nicht gern über andere und ihre Angelegenheiten und über Gefühlsdinge erst recht nicht. Jeder sollte nach eigener Fasson leben, fand er – solange er sich nicht gegen Natur und Umwelt verging.

»Stimmt, Andi«, sagte Niko nachdrücklich. Obwohl er mit dem Thema angefangen hatte, war er bis dahin schweigsam gewesen.

Mit gutem Grund! Er erinnerte sich, wie wütend er auf Marja gewesen war, als sie ihn plötzlich fallenließ wie eine heiße Kartoffel und nur noch Augen für diesen Ted hatte. Mann, war er eifersüchtig gewesen und gekränkt, jawohl, in seiner Eitelkeit gekränkt. Da hatte er sie in Gedanken mit vielen bösen Ausdrükken belegt. Doch wenn er sich das recht überlegte, stimmte, was Nadine und Andi sagten: Man durfte Mädchen und Jungen nicht mit zweierlei Maß messen.

Niko bemerkte, wie Ulrike ihm einen zweifelnden Blick zuwarf. Er sah auch, wie ihre Mundwinkel zuckten. Da ihm daran gelegen war, sie zu überzeugen, suchte er nach einem Vergleich. »Mensch, Rike, nun guck nicht so! Das wäre doch, als wenn man Stuten nur mit Stockmaß und Hengste nur mit Bandmaß messen würde.«

Stockmaß brachte immer weniger. Das leuchtete Ulrike ein. Sie dachte darüber nach, während sie den Streifen Bettlaken an der Dachlatte festzurrte. Darauf stand der schöne Slogan

WENN WIR HEUTE DRECK AUFHEBEN,
KANN DER WALD NOCH MORGEN LEBEN!

Sie war so vertieft in ihre Arbeit, daß sie richtig hochschreckte, als Peter Soltau plötzlich neben ihr sagte: »Ulrike, ich habe eine Einladung zum Städteturnier in Mülheim bekommen. Was hältst du davon, wenn wir uns dort nach einem Pferd umsehen? Auf dem Weg dahin gibt es ein paar gute Züchter.«

»Das wär toll.« Die schwarzen Augen, die eben noch etwas gedankenverloren geblickt hatten, blitzten auf einmal. Wie gut, daß das Schuljahr erst angefangen hatte; da gab es keine Schwierigkeiten. »Wann? Können die anderen mitkommen?«

Sofort wurde der Reitlehrer von den fünfen umringt. Andi, Nadine, Niko und Ditte waren ebenso begierig wie Ulrike zu hören, welcher fabelhafte Ausflug in Aussicht stand.

»Und wann?« fragte Ditte.

»Am nächsten Wochenende. «

»Oh, das läßt sich bestimmt machen. Die Erlaubnis krieg ich allemal. «

»Stammt aus der Gegend nicht Nicole Uphoff?« erkundigte sich Niko.

Als Soltau nickte, war Ditte Feuer und Flamme. »Mensch, stellt euch vor, ich kriegte 'n Autogramm von der. Vielleicht sehen wir sie. «

Im Gegensatz zu Ditte schien Nadine Bedenken zu haben. Das Städteturnier, Weltmeisterin Nicole Uphoff, Pferdezüchter, all das interessierte sie schon. Ausgerechnet das Wochenende jedoch hatte sie bereits verplant. Und das Dumme war, darüber konnte sie mit den Freunden nicht einmal sprechen. Es gab da nämlich etwas, das sie ihnen bisher nicht erzählt hatte, eine Sache, die sie zugleich faszinierte und verunsicherte, ihr aber auch ziemliches Herzklopfen bereitete.

»Tut mir leid, Rike, da kann ich nicht. « Nadine vermied es, einen der Freunde anzusehen.

Zum Glück fiel es keinem weiter auf. Ulrike war nahezu aus dem Häuschen. Die Aussicht auf das eigene Pferd rückte wieder in greifbare Nähe. Außerdem – zwei ganze Tage mit dem Reitlehrer zusammenzusein, das war überhaupt unvorstellbar und das Beste.

»Gut, klärt das mit euren Eltern ab«, forderte Peter Soltau sie auf. »Freitag nachmittag geht's los. «

Während die Freunde Pläne schmiedeten, näherte sich Sabine Soltau mit schnellen Schritten.

»Peter«, rief sie schon von weitem. »Da ist ein Anruf von Erwin Barsch. «

»Was will er?«

»Eine Stute unterstellen. Sie soll sich im Schulbetrieb ihr Brot verdienen, wenn du nichts dagegen hast.«

Eine solche Entscheidung mußte gut überlegt werden. Soltau wollte Genaueres wissen.

»Ein harter Fall, gute Papiere, aber von Händler zu Händler, du kennst das ja«, sagte Sabine Soltau.

»Bedeutet eine Menge schlechter Erfahrungen«, stellte ihr Mann fest, »demnach kommt viel Arbeit auf uns zu. Na gut, mir soll's recht sein.«

Sonst hatte Ulrike für alles, was sich an Neuem auf dem Schleusenhof ankündigte, das größte Interesse. Jetzt hörte sie kaum hin. Eine Stute mit schlechten Erfahrungen machte im Augenblick wenig Eindruck. Sie war zu sehr in Anspruch genommen, sich ihr Pferd mit dem lieben Gesicht vorzustellen.

»Hätte nie gedacht, daß Nadi uns im Stich läßt«, stellte Ditte fest, die zwischen Andi und Niko eingequetscht auf dem Rücksitz von Soltaus grünem Peugeot saß.

Nur mit Mühe drehte Niko seine langen Beine zur anderen Seite. Wenn das so weiterging, schliefen die ihm ein. Er grinste. »Klar, ich hätte Nadine glatt noch auf den Schoß genommen.«

Neben dem Reitlehrer auf dem Beifahrersitz hatte Ulrike den besten Platz. Sie drehte den dunklen Kopf. »Warum ist sie eigentlich nicht mitgekommen?«

»Hatte wohl was Besseres vor.«

Ditte runzelte die sommersprossige Stirn. Es gab da etwas, das sie beschäftigte und den Freunden liebend gern erzählt hätte. Vor ein paar Tagen war Nadine wieder von diesem Superschlitten abgeholt worden. Diesmal hatte sie sich den Fahrer genauer angesehen. Er hatte lässig elegant an seinem Wagen gelehnt, dunkle Sonnenbrille und graue Schläfen, soviel hatte sie erkennen können.

In ihrer freimütigen Art hatte sie die Freundin gefragt: »Wer ist der Kerl eigentlich?«

»Ein Freund meines Vaters, Chico«, hatte Nadine erwidert.

Das war okay – aber warum war die Freundin dabei rot geworden, rot wie eine Tomate? Ein bei Nadine seltener Anblick, der Ditte stutzig gemacht hatte.

Sie sah im Rückspiegel Peter Soltaus auf den Verkehr gerichteten konzentrierten Blick. Trotzdem – es war nicht der richtige Zeitpunkt, mit den anderen darüber zu sprechen.

Um sich auf andere Gedanken zu bringen, schlug sie vor: »He, ich könnte euch ja verraten, welches Pferd Compi für Ulis Idealpferd hält. Ich habe ihm alle Daten eingegeben, die vorlagen: was es kosten kann, wie es nicht veranlagt sein darf, daß es keinen Ramskopf oder Schwanenhals haben darf. Und Compi sagt...« Sie schnurrte das Ergebnis herunter.

Ermattet meinte Niko schließlich: »Mir schwirrt der Kopf. So ein Pferd gibt's gar nicht.«

»Gut, dann erzähl ich euch 'nen Witz.« Andi fand einen Themenwechsel ebenfalls angebracht.

Mit Witzen, Singen und erneutem Diskutieren über Ulrikes zukünftiges Pferd verging die Zeit schneller, als sie geglaubt hatten.

Der Züchter, den sie diesmal aufsuchen wollten, lebte in der Nähe von Dülmen. Paul Westhoff war Landwirt mit einer gehörigen Portion Idealismus, wie Peter Soltau ihnen versicherte.

»Beim Züchter sind Pferde oft am preisgünstigsten. Doch die Aufzuchtkosten und einen angemessenen Gewinn braucht er natürlich trotzdem, damit er weiterzüchten kann.«

Die Vor- und Nachteile des Pferdekaufs beim Züchter oder auf einer Auktion waren ihnen mittlerweile geläufig. So bot die Auktion eine Menge Pferde von einer gewissen Güteklasse, weil sie von einer fachmännischen Kommission ausgewählt waren. Außerdem hatte man gute Vergleichsmöglichkeiten und die Gewähr, daß die Tiere gesund waren. Beim Händler zu kaufen, war am schwierigsten. Ihnen ging es vor allem um den Verdienst; man mußte sich vor Roßtäuschern und ihren Tricks in acht nehmen.

»Schon manch einer mußte – zu spät – feststellen, daß er statt eines feurigen Rosses einen müden Gaul gekauft hat«, hatte Soltau sie gewarnt.

»Beim Züchter ist's sowieso am schönsten«, stellte Ulrike in Dülmen zum wiederholten Mal fest.

Sie hatten drei in Frage kommende Pferde begutachtet, einen Hengst und zwei Stuten. Sie sahen sich die Muttertiere und andere Verwandte an und konnten feststellen, daß sich das Gestüt ausgeglichen und einheitlich präsentierte.

»Dieser dort hat bei der Vorauswahl des Zuchtverbandes eine gute Wertung erzielt«, informierte Paul Westhoff sie. »Seine Rittigkeit ist gut, zwei Fremdreiter haben da ziemlich einheitlich geurteilt. Auch seine Galoppade ist ausgezeichnet.«

Nachdenklich ging Ulrikes Blick von dem Hengst zu den Stuten und wieder zurück. Alle drei westfälischen edlen Warmblüter waren schöne Pferde, statiös und elegant, mit langem Rücken, was einen angenehmen weichen Sitz verhieß. Aber keins von ihnen hatte Paleykas dunkles, freundlich blickendes Auge.

»Wie findest du sie?« wollte Ditte wissen.

Hilflos zuckte das schmale Mädchen mit den Achseln. Wie sollte sie das bloß erklären, daß keins der Tiere ihr Herz gewonnen hatte? Manchmal fürchtete Ulrike insgeheim, Peter Soltau könne eines Tages die Geduld verlieren, weil sie sich nicht entschließen konnte und ständig Einwände hatte.

Währenddessen hielt Niko Augen und Ohren offen. Alles, was mit Pferdezucht zusammenhing, interessierte ihn mächtig. Er bekam nicht genug davon, wie die Tiere aufgezogen, gefüttert und gehalten wurden.

Aufmerksam hörte er den Ausführungen des Züchters zu und

ließ sich durch Dittes muntere Scherze nicht stören. Der Rotschopf knuffte ihn in die Seite, turnte temperamentvoll auf dem Gatter herum und teilte lauthals mit, was sie gerade beobachtete.

Plötzlich zeigte Ditte, daß sie dennoch alles hörte, was der Züchter sagte. »Warum sind eigentlich Hengste für die Zucht soviel wichtiger als Stuten?«

»Wichtiger kann man nicht sagen, aber eine Stute bekommt nur einmal im Jahr ein Fohlen, und ein Hengst kann in einem Jahr sehr viele Stuten decken.«

»Trotzdem hätte ich lieber eine Stute«, dachte Ulrike. Sie war direkt erleichtert, daß der Preis der drei Pferde das gesetzte Limit um etliches überschritt. Für dieses Mal war der Fall entschieden.

EIN PFERD FÜR ULRIKE?

Eine Übernachtung im Heu ist ein Erlebnis besonderer Art! Ulrike wachte am nächsten Morgen als erste auf. Nebenan hörte sie in den Boxen die Pferde malmen und stampfen, ein vertrautes, heimatlich anmutendes Geräusch.

Leise, um die anderen nicht zu stören, öffnete sie den Reißverschluß des Schlafsacks, kroch hinaus und ging nach draußen. Der Mülheimer Reit- und Fahrverein war als Vierkanter gebaut. Die Ausrichtung der Einzelboxen zu dem innen gelegenen Übungsreitplatz gefiel Ulrike besonders. Die Klöntüren davor, wie man sie in Norddeutschland nennt und an Bauernhäusern findet, ermöglichten den Pferden einen guten Ausblick. Irgend jemand hatte die obere Hälfte schon geöffnet.

Pferdekopf reihte sich an Pferdekopf, als wenn sie aus dem Fenster blickten. Da ein Brauner neben einem Rappen; daneben ein Schimmel. Das dort mußte eine Trakehnerstute sein; sie hatte Ähnlichkeit mit Paleyka.

»Das macht die Blesse.«

Ulrike fuhr herum. Angesichts des großen Jungen mit dem flachsblonden, vom Schlafen strubbeligen Haar lächelte sie. »Ach, Niko, du bist's.«

»Sieht ein bißchen aus wie Paleyka«, stellte Niko fest, der ihrem Blick gefolgt war. Er legte ihr den Arm um die Schulter. »Mensch, Rike, du findest bestimmt ein Pferd wie sie. Gestern die Westfalen fand ich nicht übel.«

»Sie waren zu teuer, das hast du doch selbst gehört.«

»Die dreitausend Mark.« Niko machte eine wegwerfende Handbewegung. »Den Hengst hätte ich trotzdem genommen.«

»Aber seine Augen . . .«

Unwillig schüttelte Niko den Kopf. Das Spiel hatten sie nun schon oft gespielt: Seine Augen waren nicht so freundlich braun, seine Ohren nicht so klein und beweglich. Sein Hals, seine Schultern, seine Kruppe, sein Widerrist . . . Nach Paleyka hatte offensichtlich kein Pferd bei Ulrike eine Chance.

Trotz allem zeigte Peter Soltau eine unglaubliche Geduld. Niko überlegte, ob es dem Reitlehrer so ging wie ihm. Er hätte Ulrike manchmal gern geschüttelt, damit sie aus ihren Paleyka-Pferdeträumen aufwachte.

Auch jetzt unterdrückte er nur mühsam seinen Unmut. Gestern der Westfalenhengst war wirklich ein Klassepferd gewesen. Bevor er seinem Ärger Luft machen konnte, sah Ulrike ihn an. »Wir werden bald das Richtige finden, Niko, oder?«

Ihre schwarzen Augen, ein bißchen traurig und verloren, flehten ihn an, und Nikos Ärger schmolz weg wie Softeis. Nein, böse konnte er ihr wirklich nicht sein.

»Klar, du wirst sehen, zum Schluß finden wir ein Superpferd.«

Ulrike legte ihren Kopf an seine Schulter und zeigte auf die Einzelboxen. »Du, hier könnte ich stundenlang einfach stehen und sie mir ansehen.«

»Das ist echt herbe – Uli und Niko als Philemon und Baucis«, spottete Ditte da hinter ihnen. Dann gähnte sie herzhaft.

»Und wer bitte schön ist das?« Ulrike trat einen Schritt zurück.

Niko grinste. »Interessiert mich auch – Strohhexe!«

Während er den roten Haarschopf von einzelnen Strohhalmen befreite, kramte Ditte ihre klassische Schulweisheit zusammen: Da hatte es im alten Griechenland ein Paar gegeben, das die Götter bat, es im Tod nicht zu trennen. Richtig, und sie wurden in zwei Bäume verwandelt.

»In zwei Eichen?« Inzwischen war Andi ebenfalls aufgestanden. Er reckte und streckte sich, winkelte die Arme an und joggte auf der Stelle. »Auf Niko mag das zutreffen. Aber Rike als Eiche, ich weiß nicht.«

»Vielleicht werde ich noch eine, wenn wir mit Peter ins Kasino frühstücken gehen.« Ulrike hatte den Reitlehrer entdeckt, der ihnen zuwinkte.

Andi hatte die Speisekarte vorn am Eingang genau studiert. »Durch lauwarme Getränke und kalte Speisen?«

»Wird uns so wenig stören wie miserable Bedienung und erstklassige Preise.« Ditte gefiel die Werbung für den »ur(un)gemütlichen Treff«.

»Reiterhumor«, knurrte Niko. »Ich hoffe, die machen nur Spaß.«

Ulrike lachte. »Ich auch, ich hab nämlich Mordshunger.«

Es war schon fast dunkel gewesen, als sie angekommen waren. Das über die Straße gespannte Transparent hatten sie gerade noch lesen können:

Mülheimer Reit- und Fahrverein
Pferde-Leistungsschau Kat. B/A
Uhlenhorst am 11. und 12. August

Darauf waren die fünf jetzt gespannt.

Am Vormittag fand die Dressurprüfung Klasse L statt. Mit weiß eingeflochtener Mähne und weißer Satteldecke boten die Pferde, wie sie auf dem Außenplatz gelöst wurden, mit ihren Reitern in schwarz-weißer Turnierkluft ein tolles Bild. Vor dem Eingang stand eine grüne Schultafel mit den Namen der Teilnehmer und den Kopfnummern der Pferde. Die vier Freunde wußten, dies war der meist umlagerte Platz während der Dressurprüfung. Hier trug man die Ergebnisse ein, die Teilnehmer und Zuschauer auf die möglichen Sieger hin diskutierten.

Sie hockten sich im Kasino an einen der Fenstertische, die den Blick auf die Halle freigaben. Drei Fahnen, darunter die Bundes- und Landesfarben, schmückten die Stirnseite. Viele Zuschauer hatten sich nicht eingefunden, meist waren es nur Verwandte und Freunde der Teilnehmer sowie Mitglieder des Vereins.

»Ist eigentlich ungerecht«, meinte Ditte, »ich wette, zum Springen heute nachmittag kommen mehr.«

Peter Soltau, der sich mit dem Vereinsvorsitzenden unterhielt, hörte das. Er lächelte. »Stimmt, Mädchen, Dressur ist eben weniger spektakulär, leider.«

Für die Freunde, besonders für Ulrike, galt das nicht. Gebannt schauten sie zu, wie der Reiter sich anschickte, der Weisung aus dem Lautsprecher zu folgen: »Im Mittelschritt anreiten! – B rechte Hand!«

»Mittelschritt hat der nicht«, stellte Niko kritisch fest.

Die anderen sagten gar nichts. Es war bei dem Gemurmel im Hintergrund nicht leicht, sich zu konzentrieren. Die weibliche Stimme spulte die Aufgaben durch den Lautsprecher herunter:

»A Mitte der kurzen Seite – kurz kehrt!«

»F nach der kurzen Seite in versammeltem Tempo angaloppieren!«

»HB durch die halbe Bahn wechseln – ohne Wechsel!«

»AX auf dem Zirkel geritten! XCX aus dem Zirkel wechseln mit einfachem Wechsel von Außengalopp zu Außengalopp!«

Weiter ging's, von den Zuschauern kommentiert. Dabei taten sich besonders zwei alte Herren hervor, die am Nebentisch am laufenden Band rauchten, so daß Andi, der dagegen allergisch war, rote Augenränder bekam.

»He, das war schlecht«, sagte der Zigarettenraucher.

»Na ja, das war auch nicht doll«, meinte der andere, der Zigarillos bevorzugte.

»Der hat 'ne M gewonnen«, wußte der Zigarettenraucher.

Der Zigarilloraucher fand: »Ist ganz schön dabei, das Pferd.«

Zum Schluß trat der Reiter im Mittelpunkt an und ließ sich die Zügel aus der Hand kauen. Schon waren die beiden alten Pferdenarren bei ihrem Dauerthema: »Um noch einmal auf die kleinen Pferde zurückzukommen...«

Andi rieb sich die Augen: »Solche Fachleute hab ich gern.«

»Scht«, machte Ulrike. Sie versuchte, die gesehene Leistung einzuschätzen, und war auf die Wertung gespannt.

»Das Ergebnis für die Programmnummer 42«, tönte es aus dem Lautsprecher. »Richter bei H 181 – Richter bei C 173 – Richter bei M 173 – Total: 527.«

Diesmal waren Ulrike und Niko mit den Wertungsrichtern, die die Dressurreiter von den Hallenpunkten H, C und M aus beobachteten, einverstanden.

Lange konnte Ditte nie stillsitzen. Sie hatte schon aus einiger Entfernung mit einem riesigen Schäferhund Freundschaft geschlossen. Jetzt hielt es sie nicht mehr auf ihrem Platz. Sie stand auf, kraulte den Hund ausgiebig. Dann sagte sie: »Ich seh mich mal draußen um.«

»Ich komme mit«, sagte Andi mit einem wütenden Blick auf die rauchenden Nachbarn. Niko folgte ihnen.

Kaum hatte der Reiter die Halle verlassen, erschien der nächste, eine Reiterin. »In der Bahn die Nummer 72, geritten von Isabell Titze«, tönte es aus dem Lautsprecher.

Peter Soltau, der sein Gespräch mit dem Vorsitzenden beendet hatte, rutschte zu Ulrike auf die Bank. Schweigend sahen sie zu, als die Reiterin im Arbeitstrab einritt. Sie hielt im Mittelpunkt der Bahn und grüßte durch ein leichtes Neigen ihres Kopfes.

Wie der Lautsprecher es verlangte, absolvierte die Reiterin die einzelnen Aufgaben. Die Schlangenlinien durch die Bahn, vier Bogen, ritt sie ebenso korrekt wie die lange Seite im Mitteltrab. Exakt und mit den richtigen Hilfen zur rechten Zeit richtete sie das Pferd im Mittelpunkt eine Pferdelänge rückwärts.

»Sie ist gut, nicht wahr?«

Peter Soltau warf einen Blick in das Programm und bestätigte: »Ja, Ulrike, ganz im Gegensatz zu dem, was der Name des Pferdes sagt. Es heißt Fiasko.«

Während die Reiterin eine lange Seite im Mittelgalopp ritt, danach zu versammeltem Galopp und in der Mitte der nächsten kurzen Seite zu versammeltem Trab überging, fragte Ulrike: »Glauben Sie, daß ich bald an einer Dressurprüfung Klasse L teilnehmen kann?«

»Wenn du weiter fleißig trainierst und wir bald das richtige Pferd finden, denke ich, kann das im Herbst klappen.« Soltau nickte beifällig, als er die Wertung hörte. »Möglicherweise haben wir gerade die Siegerin gesehen.«

Nach der Siegerehrung machte Peter Soltau die vier Freunde mit Nicole Uphoff bekannt. Man denke nur, die beste Dressurreiterin überhaupt, die Weltmeisterin – für Ulrike, die selbst Turnierehren erreichen wollte, war das ein aufregender Moment.

»Sind Sie früher auch Springen geritten?«

»Ich bin mit meinem ersten Pferd, Waldfee, Dressur L und Springen L geritten. Danach, 1980, habe ich ein Pferd bekommen, das nicht gut springen konnte, deshalb Dressur.«

Nicht vom eigenen Wunsch also, sondern vom Pferd konnte die Entscheidung abhängen. Am besten war vielleicht, sie kaufte sich ein Pferd, das beides gut konnte.

Während Ulrike darüber nachdachte, wollte der zukünftige Züchter Niko wissen: »Rembrandt und Ahlerich, Klimkes Pferd, stammen vom selben Züchter und sind beide Westfalen. Glauben Sie, daß Westfalen besonders dressurveranlagt sind?«

»Das kann man nicht verallgemeinern«, sagte Nicole Uphoff. »Ich habe mehrere Pferde im Stall stehen mit verschiedenen Zuchtgebieten, sie sind alle veranlagt.«

»Wie sind Sie an Ihr Pferd gekommen?« Das war für die zukünftige Pferdebesitzerin Ulrike die wichtigste Frage überhaupt.

»Wir wollten beim Händler ein fertiges Pferd kaufen, er hatte aber keins und zeigte uns zum Trost den dreijährigen Remmi.«

»Ja«, Ulrike nickte heftig, »aber warum haben Sie gerade dieses Pferd gekauft?«

»Ich hatte damals nicht viel Ahnung von Pferden; Remmi hatte ein sehr süßes Gesicht und süße Augen.«

»Haben Sie ihn selbst ausgebildet?« warf Andi dazwischen.

»Bis Klasse M ist er vom Reitlehrer geritten worden, danach habe ich ihn mit Unterricht vom Trainer selber ausgebildet.«

Ihr würde Peter Soltau dabei helfen, das wußte Ulrike. »Worauf kommt es dabei an? Was ist das Wichtigste?«

»Disziplin, Geduld, Verständnis fürs unerfahrene, manchmal auch unkonzentrierte Pferd.«

»Und woran erkennt man, daß das Pferd gut geeignet ist?«

»Das Exterieur muß stimmen, es muß gute Grundgangarten haben, und es sollte schon ein bißchen intelligent sein«, antwortete die Weltmeisterin geduldig.

»He, nun laß uns mal ran!« Ditte drängelte Ulrike beiseite. Das war auch das Stichwort für Niko und Andi. Zu dritt bestürmten sie Nicole Uphoff mit Fragen.

»Wie lange reiten Sie schon?«

»Ich reite seit 14 Jahren.«

»Wieviel Zeit beansprucht Ihr Training?«

»Im Moment reite ich fünf bis sechs Pferde pro Tag; dabei gehen auf alle Fälle sechs Stunden drauf.«

»Was machen Sie, wenn Sie nicht reiten?«

»Ich gönne mir etwas Ruhe oder muß Termine wahrnehmen.«

»Gibt es etwas, das Sie gern täten, wozu Ihnen aber keine Zeit bleibt?«

»Ich bin eigentlich wunschlos glücklich.«

»Macht es Ihnen Spaß, so bekannt zu sein?«

»Es hat Vor- und Nachteile, manchmal ist es ein wenig stressig, wenn viele etwas von mir wollen.«

»Finden Sie es manchmal schwierig, so im Interesse der Öffentlichkeit zu stehen?«

»Ich habe eigentlich keinerlei Probleme damit, ich gebe mich so, wie ich bin.«

»Zombig!« Seufzend trat Ditte einen Schritt zurück.

Peter Soltau lächelte. »Ich hoffe, eure Neugierde ist befriedigt.« Dann nahm er Ulrike und Niko beim Arm. »Nicole, vielleicht noch eins: Welchen Ratschlag geben Sie jungen Turnierreitern?«

»Man sollte die Ziele nicht zu hoch stecken und sich wörtlich von unten nach oben arbeiten. Man darf dem Pferd nicht zuviel zumuten, das heißt keine Aufgaben, keine Lektionen, die es nicht bewältigen kann.«

Auf der Rückfahrt riefen sich die vier Freunde jeden einzelnen Satz ins Gedächtnis, diskutierten darüber und über die beste Dressurreiterin der Welt.

Peter Soltau am Steuer hörte ihnen schweigend zu. Schließlich meinte er: »Nun mal langsam! Berühmtsein wie Nicole hat sicher seine Schattenseiten. Es wird Leute geben, die sie belästigen, in ihre Intimsphäre eindringen wollen oder mit Ansinnen kommen, die unerfüllbar sind: etwa Autogrammwünsche auf alle Zeitungsartikel, die sie je ausgeschnitten haben.«

»Trotzdem würde ich gern mehr über sie wissen«, meinte Ditte, »was sie gern ißt, wie lange sie morgens schläft . . .«

»Das gehört zur Intimsphäre«, wandte Andi ein.

Ungerührt fuhr Ditte fort: ». . . was sie liest oder gelesen hat . . .«

»Das weiß ich zufällig«, lachte der Reitlehrer, »in einem bestimmten Alter Pferdebücher, was sonst!«

Was paßte besser zu der großen Waldsäuberungsaktion, die die Mannschaft vom Schleusenhof geplant hatte, als daß sie am Tag vorher den Reitstall auf Hochglanz brachten? Schon als die fünf auf ihren Rädern beinahe gleichzeitig erschienen, war ein eifriges Rumoren im Gange, an dem alle beteiligt schienen, vom Stallmeister Heinzi Burmeester, dem Lehrling Silvi, der Praktikantin Biene, über einige Reitschüler wie dem jungen Ehepaar Gerd und Lisa, mit dem zusammen sie das Reiterabzeichen gemacht hatten, bis zu manchem Privateinsteller. Überall wurde geputzt und aufgeräumt, aus offenen Boxentüren Mist in Schubkarren geworfen.

Da wollten die Freunde nicht zurückstehen. Ditte verschwand in der Box ihres Florian, Andi nahm sich den Braunen Cäsar, Niko ging zu dem grobknochigen Wallach Anton. Nadine mußte sich um Tasco und Marvin kümmern.

Als Ulrike sah, daß die zwölfjährige Bea aus der Kindergruppe den Mist von Kurfürst schon wie wild aus der Box schaufelte, stand sie einen Moment wie verloren in der Stallgasse. Gut, sie konnte Nadine bei ihren zwei Pferden helfen.

Sabine Soltau, in Jeans und Gummistiefeln, die Schubkarre hoch beladen, hielt Ulrike zurück. »Kannst du dich um die neue Stute kümmern, Rike? Hinten die letzte Box rechts. Sie heißt Lady Lou.«

Richtig, fiel ihr ein, das Pferd, das sich seinen Unterhalt im Schulbetrieb verdienen sollte, hatte sie noch nicht gesehen. So ein Tier, das herumgeschubst, von Händler zu Händler weitergereicht worden war. Da war Vorsicht geboten.

Im Umgang mit Pferden war Ulrike keine Anfängerin. Ohne hastige Bewegungen näherte sie sich der Box, in der die Stute stand. Trotzdem schoß der Pferdekopf vor das Gitter.

Himmel, hatte die Angst! Sie gewahrte angelegte Ohren, zusammengezogene Nüstern und Augen, die sie furchtsam und aggressiv zugleich ansahen. Gleichzeitig bemerkte sie aber auch den wohlgeformten langgestreckten und geraden Kopf, den eine hübsche schmale weiße Blesse zierte.

»Sieh mich nicht so an, Lady Lou! Ich tu dir nichts! Und dabei bist du so eine Hübsche. Ich komm jetzt rein zu dir . . .«

Während sie fortfuhr, mit leisen, ruhigen Worten auf das Tier einzureden, öffnete Ulrike die Boxtür. Der Anblick der Stute erschütterte sie. Ein Gerippe war nichts dagegen! Magere Rippen und Hüftknochen stachen aus dem hellbraunen Fell, das viele Zeichen großer Vernachlässigung zeigte.

»Komm, Lady Lou, sei ein braves Mädchen, laß dich mal anschauen!«

Immer noch mit angelegten Ohren wich das Pferd zwei Schritte zurück und blieb zitternd an der Stallwand stehen.

Ulrike redete einfach mit dieser ruhigen freundlichen Stimme weiter. Die Stute lauschte, und als nichts Böses geschah, sondern sie nur diesen angenehmen Ton hörte, faßte sie Zutrauen zu dem Menschen vor ihr. Zögernd richtete sich erst das linke Ohr, dann das rechte Ohr auf und nach vorn. Die Nüstern entspannten sich, und die Augen blickten auf einmal weniger angstvoll und aggressiv.

»Na, siehst du!« Froh über diesen ersten Erfolg, streckte Ulrike vorsichtig die Hand aus. »So schlimm ist das alles gar nicht!«

Am liebsten hätte sie das arme Tier so liebkost, wie Ditte es mit ihrem Florian machte. Aber sie wußte, hier mußte sie besonders behutsam vorgehen. So tätschelte sie der Stute nur das ungepflegte Fell am Hals, vorsichtig und noch leise auf sie einredend.

»Bravo, Rike, du scheinst ihr Vertrauen ein bißchen gewonnen zu haben.« Sabine Soltau sah zufrieden durch die Gitterstäbe der Box. »Das ist noch keinem von uns hier gelungen.«

Obwohl sie mit leiser Stimme gesprochen hatte, legte die Stute sofort wieder die Ohren an.

»Ich schicke dir Biene, die kann dann gleich ausmisten und neues Stroh einstreuen. Sonst läßt sie nämlich niemanden heran.«

»Haben Sie gesehen? Lady Lou hat da, wo der Sattel aufliegt, lauter eitrige Scheuerstellen.« Es war für Ulrike schwer, ihrer

Empörung in gedämpftem Ton Luft zu machen. »Und dicke Striemen an den Flanken hat sie auch. «

»Ja, sie muß ziemlich mit der Peitsche bearbeitet worden sein. « Sabine Soltau musterte das dunkelhaarige Mädchen in der Box, das die Hand leicht auf den Hals der Stute gelegt hatte, einen Moment nachdenklich. Sie hatte da plötzlich eine Idee. »Ich seh dich nachher noch. Dann zeige ich dir ihre Papiere. «

Als die Box ausgemistet und neues Stroh eingestreut war, verließ die Praktikantin Biene heilfroh, daß nichts passiert war, die Box.

Ulrike, die währenddessen pausenlos besänftigend auf die Stute eingeredet hatte, wußte, daß sie für den ersten Tag unerhört viel erreicht hatte. Sie verabschiedete sich: »Bis morgen, Lady Lou, morgen komme ich wieder. «

Aufgewühlt über den erbarmungswürdigen Zustand, in dem die Stute sich befand, berichtete Ulrike wenig später den Freunden von Lady Lou. Niko, Ditte, Andi und Nadine riskierten einen Blick aus gehöriger Entfernung, weil man der armen Kreatur an diesem Tag nicht mehr zumuten konnte.

»Sabine will mir die Papiere zeigen«, sagte Ulrike.

Das interessierte die anderen ebenfalls, und so gingen die Papiere vorm Büro von Hand zu Hand. Die Diskussion wurde eifriger und lockte das Stallpersonal an.

»Eine Holsteinerin von Ladykiller xx. « Niko zeigte sich beeindruckt. Doch, an der Abstammung war nichts zu bemängeln. »Ursprünglich aus Elmshorn. «

»Was nützt das, wenn die Zicke sich wie 'n Teufel gebärdet?« Biene hatte das mulmige Gefühl beim Ausmisten nicht vergessen.

Ulrike nahm die Stute in Schutz. »Bei mir war sie lammfromm. «

Wenn das auch eine gelinde Übertreibung war, so kam dieser Eifer Sabine Soltau für ihre Pläne gerade recht. Sie stellte fest:

»Ihre Bewegungen zeigen, daß sie gut veranlagt ist. Ihre Gänge sind hoch und gerundet. Sie hat eine hohe Aktion.«

»Was bedeutet das?« wollte Ditte wissen.

»Im Schritt und Trab hebt sie die Vorderbeine graziös an.«

»Ihr Zustand ist jedenfalls miserabel«, brummte ihr Mann, der sich mit dem Stallmeister Heinzi darin einig wußte.

»Ist immer dasselbe, Herr Soltau«, sagte der, »wir sollen so 'n Gerippe aufpäppeln, und der Erwin Barsch macht den großen Reibach. Fünftausend will er für das Viech.«

»Hast ja recht«, bestätigte Soltau, »ist zuviel für 'n verkorkstes Pferd.«

Nicht entmutigt, meinte Sabine Soltau: »Weißt du was, Rike? Du solltest Lady Lou kaufen.«

»Nur über meine Leiche.« Soltau fuhr herum. Der Blick, den er seiner Frau zuwarf, verhieß nichts Gutes. »Wie kannst du dem Mädchen so einen Vorschlag machen? Das Pferd ist durch zu viele Hände gegangen. Es ist verpfuscht.«

»Mit Geduld und Einsatz ist da eine Menge zu machen, das weißt du«, widersprach Sabine Soltau. »Ulrike hat auf Anhieb das Vertrauen des Pferdes gewonnen. Sie ist zuverlässig und eine gute Reiterin.«

»Ja, eben, und deshalb braucht sie ein Pferd, mit dem sie auf Turniere gehen kann, und keins, bei dem Hopfen und Malz verloren ist.«

»Das glaubst du selbst nicht. Die Stute ist jung, sie wird vergessen, wenn jemand sie gut behandelt und reitet.« Wie immer, wenn Sabine Soltau sich engagierte, wurde ihre Stimme lauter. »Du hast es gestern selbst gesagt: Lady Lou hat Gänge, die würdest du dir für manches L-Pferd wünschen.«

Hin und her gerissen schaute Ulrike von einem zum anderen. Daß der Reitlehrer sich so deutlich gegen den Vorschlag seiner Frau aussprach, brachte sie in einen Zwiespalt. Von ihm allein hatte sie den richtigen Ratschlag und die Zustimmung zu einem

Kauf erhofft. Nun zeigte er sich alles andere als begeistert, ja, lehnte das in Frage kommende Pferd aus Prinzip ab. Was sollte sie tun?

In diesem Fall konnten ihr die Freunde nicht helfen. Da war keiner, der die Wahl gut geheißen hätte, zumal auch Heinzi Burmeester, Silvi und Biene ablehnende Gesichter machten. Alle schlossen sich dem Urteil des Reitlehrers an.

Nadine sah geradezu entsetzt aus. Ihr Traum von einem Superpferd für Ulrike sollte mit dieser Mähre enden? Das durfte doch nicht wahr sein. »Rike, das wäre Wahnsinn!«

Für Sekunden schloß Ulrike die Augen: ein langgestreckter wohlgeformter Pferdekopf mit einer hübschen schmalen Blesse und dann diese dunklen Augen, die so ängstlich und aggressiv blickten, weil sie so oft enttäuscht worden waren. Mein Pferd, dachte sie.

»Ich kaufe Lady Lou«, sagte Ulrike.

Therapie für Pferd und Reiter

Der Entschluß, die Stute zu kaufen, kostete Ulrike eine schlaflose Nacht. Sie wälzte sich im Bett, ging ruhelos in ihrem Zimmer umher und stand stundenlang am Fenster. Es nützte nichts; sie kam nicht zur Ruhe.

Die Holsteinerin Lady Lou war ihr Pferd, da gab es keinen Zweifel. Kein anderes hatte ihr Herz auf Anhieb gewinnen können. Dabei war Peter Soltau bemüht gewesen, ihr eine genügend große Auswahl zu bieten, hatte mit ihr Händler um Händler, Züchter und Versteigerungen besucht.

Genau hier lag der Haken. Niemand sonst hatte sich so engagiert, soviel Zeit aufgewendet, soviel Fachkenntnisse mitgebracht. Und nun hatte sie sich entgegen seinem Rat für dieses Pferd entschieden. Das kam Ulrike wie Verrat an dem geliebten Reitlehrer vor. Was hätte sie nicht darum gegeben, wenn er und nicht seine Frau ihr den Vorschlag gemacht hätte.

Wenn er mir nun böse ist, wenn er mir nun nicht helfen will, aus Lady Lou ein freundliches, seinen Anlagen entsprechendes gutes Pferd zu machen, fragte sich das Mädchen Stunde um Stunde. Seine Hilfe würde sie brauchen, darüber war sie sich im klaren. Ohne ihn würde die Stute bleiben, wie sie war: verängstigt und aggressiv, verkorkst eben.

»Er wird einsehen, daß sie nichts dafür kann«, murmelte Ulrike. »Er weiß doch Bescheid.«

Sie dachte an die Methoden, mit denen die sogenannten Bereiter Pferde auf die Schnelle fertigmachten. Wenn eins Widerstand leistete, gab es für die nur Mittel wie Peitsche und Sporen, Ketten und Hunger. Nicht umsonst stießen bei Lady Lou die Rippen und Hüftknochen aus dem ungepflegten Fell.

Darüber wußte der Reitlehrer mehr als sie. Oft genug hatten sie darüber gesprochen, gerade in letzter Zeit, nach dem riesigen Skandal während der Weltmeisterschaft. In den Zeitungen war soviel über das Barren und andere Methoden berichtet worden, mit denen Hochleistungspferde zu noch größeren Leistungen gebracht wurden. Ernsthaft hatte sich Peter Soltau mit den Freunden und ihr darüber Gedanken gemacht, diskutiert, was erlaubt war und was nicht. Er hatte ihnen Argumente von Befürwortern und Gegnern erläutert und ihnen Horst Sterns »Bemerkungen über Pferde« und Erich Glahns »Reitkunst am Scheideweg« zur Lektüre empfohlen.

Mitleid mit einem Pferd war für ihn kein Kriterium, es zu kaufen. Sabine Soltau dagegen hatte die Anlagen und die Bewegungen der Stute gelobt. Die Abstammung sei gut, sagte sie. Wenn Ulrike genügend Geduld aufbringe, Lady Lou behandle wie Paleyka, würde die Stute die Händler, die Peitschen vergessen und ihr Vertrauen zurückgewinnen.

Ulrike drückte ihr heißes Gesicht in die Kissen. Es konnte auch schiefgehen, das durfte sie nicht vergessen.

Was Wunder, daß sie am nächsten Morgen völlig übermüdet im Schleusenhof erschien! Dabei war es ein Tag, der ihren ganzen Einsatz forderte. Der Wald sollte gesäubert werden, und Soltau hatte sich ausbedungen, daß sie sich das Pferd noch einmal gemeinsam in Ruhe ansahen.

Selbstverständlich mußten die vier Freunde dabei sein, wenn der Reitlehrer sein endgültiges Urteil über die Stute abgab. Genau wie Ulrike kamen sie zwei Stunden, bevor die Säuberungsaktion, die auf elf Uhr angesetzt war, losgehen sollte. Für Niko, Ditte und

Andi stand fest, daß Lady Lou Ulrikes Pferd wurde. Selbst Nadine hatte sich dazu durchgerungen. Wie den anderen war ihr der Anblick des abgemagerten Tieres zu Herzen gegangen.

Vor allem Andi fühlte sich im Innersten getroffen und herausgefordert. Er hatte stundenlang Bücher studiert, Rezepturen entwickelt, sich telefonisch mit einem Fachmann in Hamburg beraten. Schüchtern, wie er war, sagte er den anderen nichts davon. Doch er war gerüstet, wenn sie ihn fragten, und das würden sie, da war er sicher.

An den Zaun des Paddock gelehnt, wartete er mit den Freunden, den Zwillingen, dem Stallmeister, Silvi, Biene und Soltaus auf Ulrike, die in den Stall gegangen war, um die Stute zu halftern.

»Das klappt nie«, meinte Biene.

Darin war sie sich ausnahmsweise mit Lehrling Silvi einig. »Wenn ich allein an das Drama denke, als wir die Zicke vom Anhänger in die Box bringen wollten!«

Ärgerlich hob Ditte die Brauen. Gut, sollte sie ruhig Zicke zu einem Pferd sagen! Aber nicht zu Ulis Stute! »Bloß weil du mit Pferden nicht umgehen kannst . . .«

»Damit meinst du nicht mich?« Silvi fühlte sich gekränkt.

»Scht«, unterbrach Sabine Soltau die beiden, ehe ein richtiger Streit daraus werden konnte. Sie ließ den Stalleingang nicht aus den Augen. »Rike schafft das schon. «

»Wie kann die sagen, ich verstünde nichts . . .«, insistierte Silvi.

»Halt jetzt den Mund!« versetzte Sabine Soltau unwirsch. Ohne es sich einzugestehen, war sie aufgeregt. Sie mußte ihren Mann einfach davon überzeugen, daß dieses Pferd das richtige für Ulrike war. Da konnte sie so nichtige Auseinandersetzungen nicht gebrauchen und schon gar nicht in diesem Augenblick.

Dann scheuchte sie alle vom Paddock weg. »So, wie ihr da rumhängt, hat Ulrike keine Chance. Das irritiert die Stute nur. Also, geht in Deckung!«

»Gilt das auch für mich?« fragte Soltau.

»Sicher, was denkst du.« In ihrem Eifer merkte Sabine Soltau nicht, daß sein Widerstand gespielt war. Wie sie wußte er genau, worauf es jetzt ankam.

Zum Glück war es nicht schwer, bei dem kleinen Auslauf ein Versteck zu finden. Alle verzogen sich hinter Büsche oder wie Soltau und seine Frau hinter eine Stallwand.

»Niko, du bleibst beim Einlaß!« bestimmte Sabine. »Von den anderen will ich keinen Mucks hören.«

Nadine, Ditte und Andi hockten sich hinter Strohballen.

So schien die Umgebung leer, als Ulrike Lady Lou aus dem Stall führte. Es war ein schweres Stück Arbeit gewesen, der Stute das Halfter anzulegen. Nur durch unermüdliches Zureden, leise und sanft, hatte sie es überhaupt geschafft.

»Komm, du Liebe, siehst du, es passiert dir gar nichts.« So redete Ulrike im selben Ton weiter.

Im Freien zögerte Lady Lou. Ihre Ohren spielten nervös von vorn nach hinten. Dann folgte sie – da nichts Beunruhigendes geschah – dem Mädchen vertrauensvoll zum Einlaß des Gevierts.

Doch da stand Niko. Die Stute schreckte zurück. Dieser Mensch war ihr keineswegs vertraut; Vorsicht war geboten. Die Ohren legten sich nach hinten, die Nüstern kräuselten sich. Lady Lou bleckte die Zähne und keilte nach hinten aus, obwohl Niko ganz ruhig dagestanden hatte und nun sogar einen Schritt zurücktrat.

Wieder redete Ulrike begütigend auf das Tier ein. »Du Dummchen, das ist doch Niko. Er ist mein Freund und deshalb deiner auch. Vor dem brauchst du keine Angst zu haben.«

Die bereits vertraute Stimme und der gleichbleibend freundliche Ton entspannten das Tier sichtlich. Die Ohren richteten sich auf und nach vorn, als lauschten sie. Die Zähne verschwanden unter der weichen Oberlippe. Ulrike lotste die Stute in den Paddock und löste den Strick vom Halfter.

Nun stand das Pferd da, frei und die Füße in wohltuendem Sand. Es hob den schön getragenen Hals immer höher in die Luft, als ob es sich der neugewonnenen Freiheit bewußt würde. Dann schnaubte es laut und freudig.

In der nächsten Sekunde setzte sich das Pferd mit schwungvollen, raumgreifenden Trabschritten in Bewegung. Ulrike, die neben Niko stand, kam es wie ein Wunder vor.

»Es ist nicht mehr dasselbe Pferd, nicht wahr?« flüsterte sie.

Niko mußte ihr recht geben. Das da war keine Mähre, kein Gerippe. Das war Ulrikes Traumpferd, das graziös und voller Anmut in Galopp überging.

Beinahe so atemlos wie Ulrike hatte Sabine Soltau der Verwandlung der geschundenen Kreatur zugesehen. Lady Lou wurde zusehends übermütiger, keilte aus und buckelte, daß es eine wahre Freude war. Voller Stolz, daß sie recht behalten hatte, sah Sabine ihren Mann an. »Nun, was meinst du?«

So begeistert wie sie war ihr Mann noch lange nicht. »Du hast recht, ihre Gänge sind selten. In den richtigen Händen wäre sie ein fabelhaftes Pferd geworden.«

Er faßte das Pferd, das sich in diesem Augenblick in den sonnenwarmen Sand fallen ließ und wohlig grunzend wälzte, ins Auge. Dabei entging ihm nicht, wie Ulrike bei diesem Anblick lachte und Bestätigung heischend zu dem flachsblonden Jungen an ihrer Seite hochsah. Niko legte den Arm um ihre Schulter und drückte sie.

Deshalb hielt Peter Soltau später Ulrike eindringlich vor Augen: »Du gibst dich einer Illusion hin, Mädchen. So etwas gelingt bei einem unter hundert Pferden vielleicht, was sag ich, unter tausend. Für das Geld kannst du ein nettes Pferd ganz ohne Probleme kaufen. Was wird deine Mutter sagen, wenn du eines Tages aufgeben und feststellen mußt, daß du das Geld zum Fenster rausgeschmissen hast?«

Die dunklen Mädchenaugen brannten vor unterdrückten Tränen und Anspannung. Ulrike schluckte mehrmals. Sie hätte so gern auf ihn gehört, seinen Rat befolgt, der eindeutig hieß: nicht kaufen.

Aber die Entscheidung war bereits gefallen, obwohl der Reitlehrer mit seiner Warnung sicher recht hatte und obwohl sie gesehen hatte, wieviel Mühe es gekostet hatte, die ängstliche Stute wieder einzufangen und in die Box zu bringen.

»Ich will sie trotzdem«, sagte Ulrike.

Dabei wußte sie sich unterstützt von den Freunden. Von Niko konnte sie sowieso jede Hilfe erwarten. »Auch wenn sie ausgekeilt hat, Rike. Ich weiß, sie hat's nicht so gemeint.« Ditte umarmte sie herzlich: »Sie ist scheu, sagt der liebe Peter. Na und? Das schaffen wir schon!« Selbst Nadine war jetzt Feuer und Flamme und versicherte mehr als einmal: »Wenn du wirklich mal Schwierigkeiten hast, mit Geld und so, meine Eltern helfen dir sicher.« Da war sogar Andi mit seinen Vorbereitungen herausgerückt. Er klopfte auf die schwarze Tasche, die er bei sich hatte. »Das meiste, was wir brauchen, hab ich hier drin.«

Sabine Soltau stieß einen erleichterten Seufzer aus. »Gut, dann kann Wolters morgen die Ankaufsuntersuchung machen.«

Morgen erst, hätte Ulrike am liebsten gerufen. Auch für Andis Ungeduld war es bis dahin viel zu lange. Aber sie rissen sich beide zusammen. Zuerst war der Wald dran – das hatten sie versprochen!

Nach der Menge der Helfer zu urteilen, lag ein sauberer Wald vielen am Herzen. Vielleicht war es auch nur der Erfolg der Spruchbänder, die sie überall, das größte und schönste direkt über der Einfahrt zum Schleusenhof, angebracht hatten.

Viele Vereinsmitglieder, einige Privateinsteller und fast alle Kinder und Jugendlichen ließen sich vergnügt mit Beuteln, Schubkarren und Spießen zum Aufsammeln von Papier ausrüsten.

»Seid vorsichtig damit«, ermahnte Peter Soltau besonders die Jüngeren.

»Ist doch klar.« Seine Tochter Danny reagierte auf die väterlich besorgten Blicke gelangweilt. Zusammen mit ihrem Freund Maxi, dem ebenso blonden und ungebärdigen Enkel Doktor Weigands, sah sie, mit einem langen Spieß bewaffnet, mehr gefährlich als hilfreich aus.

Nicht nur Soltau sah ihnen zweifelnd nach. »Sie hätten lieber eine Tüte nehmen sollen«, meinte Doktor Weigand.

»Aber keine Angst, Doktor Weigand, wir halten die beiden schon davon ab, sich gegenseitig die Augen auszustechen.« Nadine lächelte harmlos und griff nach dem ungewohnten Zopf am Hinterkopf, den sie sich für diese Gelegenheit geflochten hatte.

Der Vereinsvorsitzende räusperte sich. »Hm, dann ist es ja gut.« Kopfschüttelnd machte er sich davon.

»Gleiches Recht für alle«, meinte Andi zwei Stunden später und deutete auf die Schubkarre. Bisher hatte er geschoben; jetzt zeigten sich die ersten Blasen an den Händen.

»Null problemo!« Nadine packte die Griffe.

Die fünf waren fleißig gewesen. Zwei Säcke voll Müll waren bereits aufgeladen. Und immer noch fanden sie neuen. Im Gegensatz zu den Zwillingen, die sich bald mit der Bemerkung »Wir müssen für die Vereinsmeisterschaft trainieren!« verdrückt hatten, zeigten sie ungebrochenen Eifer.

Kaum waren Marja und Moni weg, fragte Ditte: »Du, Nadi, was hat Marja vorhin gemeint von wegen Mumie und Schickeriabar?«

»Ach, ich hab sie neulich mal getroffen«, wehrte Nadine sichtlich verlegen ab. Sie konnte nicht verhindern, daß sie bis zum honigblonden Haaransatz rot wurde.

Das weckte Dittes Neugier. »Wo genau? Erzähl doch!«

Wenn der Feuerkopf sich erstmal auf eine Spur gesetzt hatte, kam er so schnell nicht wieder davon los. Da war es besser, man sagte gleich alles. Nadine berichtete, daß sie in Hamburg in einer der neuen Nobeldiscos gewesen sei.

»Verstehe!« Ditte kapierte schnell. »Und dein Begleiter war nicht mehr der Jüngste, deshalb Mumie.«

»Also, das nun wieder nicht«, widersprach Nadine. »Chico ist zwar ein Freund meines Vaters, aber ein ganzes Stück jünger als der.«

Wie unabsichtlich strebte sie, den Papierspieß in der Hand, außer Hörweite.

»Seltsam!« Ditte stützte sich an dem Baumstamm ab, um einen Augenblick zu verschnaufen. Mit einem Freund des Vaters in der Disco, das war sogar mehr als seltsam, fand sie. Darüber mußte sie nachdenken. Laut sagte sie: »Wirklich seltsam, je mehr Dreck man findet, desto mehr freut man sich. Eigentlich sollte es umgekehrt sein.«

»Die vollen Säcke geben uns eben das Gefühl, wahnsinnig viel getan zu haben.« Ulrike, die sorgsam hinter jeden Busch schaute, war mit dem, was sie gerade eben entdeckte, allerdings gar nicht einverstanden. »Mensch, seht euch das an!«

»Bei so was könnt man eher heulen! Ob manche Leute eigentlich nicht wissen, daß da Fluorchlorkohlenwasserstoff drin ist?« Andi starrte das Kühlschrankwrack wütend an.

»Dasselbe wie in Spraydosen?« Mühelos war Nadine von ihm überzeugt worden, für ihre Haare nur noch Spraydosen zu benutzen, die Treibmittel ohne FCKW verwendeten, wegen des Ozonlochs.

»Auf geht's! Packt mal mit an!« Niko schob seine Ärmel hoch, mußte aber einsehen, daß selbst seine Kraft nicht ausreichte, den alten Kühlschrank auf die Schubkarre zu hieven.

Alle fünf faßten an, nachdem Andi und Ulrike die zwei vollen Säcke von der Karre heruntergenommen hatten.

»Einen kriegen wir noch drauf.« Ohne weiteres schulterte Nadine den Sack. »Den anderen nehme ich.«

»Ja, Schluß für heute«, meinte Ditte mit einem Blick auf die Uhr.

»Gar nicht so übel!«

Wohlgefällig betrachtete Andi den riesigen Berg Müll, den die Sammler in der Mitte des Hofes aufgehäuft hatten. Ebenso wie Sabine Soltau sahen alle Helfer höchst zufrieden drein.

Was war da aber auch alles zusammengekommen! Flaschen wie einzelne Scherben, Papier und Dosen, alte Reifen, Holzteile von Möbeln, außer dem Kühlschrank noch Plastikbeutel und Getränketüten aus unverrottbarem Material jede Menge. Selbst vor kleinem und kleinstem Abfall hatte die Sammelleidenschaft nicht halt gemacht, vom Bonbonpapier über Papiertaschentücher bis zu rostigen Nägeln und Zigarettenkippen.

Der von Sabine Soltau informierte Reporter fotografierte den Berg von mehreren Seiten und versprach einen ausführlichen Artikel in der nächsten Ausgabe des Stadtanzeigers.

»Hier Frau Soltau, vielleicht mit einigen Helfern«, dirigierte Hansi Mensing, den Fotoapparat in der Hand. Er war ein kleiner, lebhafter junger Mann, der das linke Bein etwas nachzog.

»Ein bißchen mehr nach hier.« Hansi Mensing hob den Daumen. »Und lächeln. Man darf euch den Stolz ruhig ansehen.«

Eingerahmt von den fünfen und den Zwillingen, die im geeigneten Moment wieder auftauchten, wie nicht nur Ditte wütend feststellte, blickte Sabine Soltau in die gewünschte Richtung. Lächeln jedoch war schwieriger.

Denn im selben Moment fiel ihr Blick auf Danny. Ein dunkelblauer wulstiger Striemen direkt an der linken Schläfe zierte das Gesicht der Tochter. Maxi sah nicht besser aus: blutige Striemen auf der Stirn und an beiden Händen.

»Was habt ihr denn angestellt?« fragte Sabine Soltau.

Stolz wie Oskar und keineswegs im Glauben an sich selbst und ihre Kräfte erschüttert, berichtete die Siebenjährige: »Wir haben Ritter gespielt, der Maxi und ich.«

»Das sehe ich. Laßt euch anschauen, ihr zwei Helden! Das muß mit Jod behandelt werden.«

«Nö«, war alles, was Danny darauf zu sagen hatte.

Der Doktor in Andi fühlte sich angesprochen. »Zur Desinfektion von Wunden gibt es noch andere Mittel, Frau Soltau.«

»Ich weiß«, unterbrach ihn Dannys Mutter ungerührt, griff sich die zappelnde Tochter und Doktor Weigands Enkel und machte sich auf den Weg ins Büro. »Aber Jod brennt schöner.«

Der zweite Aufenthalt im Paddock hatte die Stute etwas mehr Vertrauen fassen lassen. Dennoch hatte Ulrike sie nur mit viel Not und Mühe auf den Putzplatz im Hof gebracht, wo Werner Wolters mit Andis Unterstützung die Ankaufsuntersuchung vornehmen wollte. Kategorisch scheuchte Sabine Soltau alle Neugierigen weg. Nicht einmal bei Nadine, Ditte und Niko machte sie eine Ausnahme. So hockten die drei in gehöriger Entfernung auf dem Zaun.

Ulrike hielt Lady Lou vorn am Kopf, streichelte sie behutsam und redete unentwegt auf sie ein. Sie erzählte, wie schön sie es auf dem Schleusenhof haben würde und von ihrem lustigen Großvater, der nun tot war und dem sie es verdankte, daß sie Lady Lou kaufen konnte. Die Stute zitterte trotzdem. Denn derweil horchte der Tierarzt sie ab und untersuchte sie gründlich.

»Hier, Andi, Pilzbefall im Fell«, teilte er seinem zukünftigen Kollegen mit. »Entzündete Satteldruckstellen.«

»Die Hufe sind wahnsinnig vernachlässigt.« Andi begutachtete mit Sachverstand Ober- und Unterschenkel von Vorder- und Hinterhand. »Die Beine sind klar, soweit ich sehen kann.«

»Richtig.« Werner Wolters blickte kurz auf. »Aber Endgültiges läßt sich erst sagen, wenn die Stute mehr Kondition hat.«

»Und Ulrike sie gearbeitet hat«, ergänzte Andi.

Beide traten einen Schritt zurück. Die Stute begann sofort nervös zu tänzeln.

»Letztlich ist sie weniger störrisch als Danny«, fand Sabine Soltau, die mit ihrem Mann unbemerkt hinzugekommen war.

Fragend schaute Peter Soltau von einem zum anderen. »Nun, wie sieht's aus?«

Hin und her gerissen zwischen Zweifel und Erleichterung, sah Ulrike den Tierarzt mit bangen Augen an. Daß der Reitlehrer das Urteil Werner Wolters hören wollte, zeigte ihr ja, daß er doch an diesem Pferd Anteil nahm, daß er ihr letztlich seine Zustimmung und Hilfe nicht versagen würde. Andrerseits machte ihr die schlechte Kondition des Pferdes große Sorgen und nahm viel von ihrer Zuversicht.

Nachdem er in kurzen Worten den Zustand des Pferdes umrissen hatte, fragte der Tierarzt Andi: »Nun, was schlägst du vor?«

»Für den Pilz ein Mittel zum Einreiben.« Andi erging sich in genauer Darlegung der Vor- und Nachteile dieser und jener Therapeutika. »Und für die Druckstellen diese Salbe. Ich habe sie mir extra aus Hamburg schicken lassen.«

Werner Wolters studierte die Zusammensetzung auf dem Etikett. Dann meinte er anerkennend: »Das hat dir aber jemand gemacht, der etwas von der Sache versteht. Donnerwetter!«

Verlegen wehrte Andi das Lob ab. »Ich kenn da jemanden.«

Als der Tierarzt gewahrte, wie blaß die neue Pferdebesitzerin vor lauter Aufregung um die Nase war, nickte er ihr aufmunternd zu. »Extra Putzzeug benutzen, Ulrike. Und dann ist wichtig: jede Menge Freilauf, vorläufig nur leichte Arbeit an der Longe, nicht reiten.«

Während der Tierarzt nun Soltau ausführlich über das Futter instruierte, trat Andi beinahe so nervös von einem Bein aufs andere wie Lady Lou. Er hatte noch einen Vorschlag.

»Gut, Sie können sich auf uns verlassen.« Peter Soltau lächelte. »Na denn, Ulrike, wenn du unbedingt willst.«

»Ich würde ihr Bachblüten verschreiben«, platzte Andi dazwischen. »Sie wirken gegen Angst, Schock und Erschöpfung.«

»Bachblüten?« fragte Peter Soltau.

»Eine besondere Art der homöopathischen Zubereitung«, erklärte Andi.

»Sie wirken bei vielerlei Zuständen nervlicher Belastung.« Werner Wolters überlegte. »Ich habe nichts dagegen. Vergiß nur nicht, der Besitzerin ebenfalls davon zu geben.«

»Ich weiß«, sagte Andi, »Dr. Bach empfiehlt dieselben Essenzen für die Bezugsperson. Das heißt, Rike, du mußt . . .«

»Ich schlucke alles, was du mir gibst«, sagte das schmale dunkelhaarige Mädchen, »wenn es nur hilft!«

Ditte keilt aus

Es grenzte schon fast an ein Wunder: Lady Lou, die Mähre, das Gerippe, veränderte sich von Tag zu Tag. Die Medikamente taten ihre Wirkung, innerlich und äußerlich. Das vernachlässigte hellbraune Fell bekam unter Ulrikes geduldiger und sorgfältiger Pflege allmählich einen seidigen Schimmer. Der Pferdeleib rundete sich und nahm kräftige Formen an, die dem Stockmaß von 170 Zentimetern besser entsprachen. Nachdem die Hufe neu beschlagen waren und jeden Tag gesäubert und wöchentlich einmal mit Buchenholzteer bestrichen wurden, konnte der Tierarzt nur noch das Gegenteil von Vernachlässigung bescheinigen. Nach viel Auslauf und leichter Arbeit an der Longe waren die Beine klar geblieben.

»Keine Gewährsmängel, Rike, sei froh.« Andi zählte auf, was alles auf sie hätte zukommen können. »Koppen, Kehlkopfpfeifen, Dummkoller, Dämpfigkeit, Rotz und Periodische Augenentzündung.«

»Junge, vergiß nicht, wir haben das Reiterabzeichen auch gemacht«, wehrte Ulrike sich gegen die Belehrung. Sie war froh, daß Lady Lou in den ersten vierzehn Tagen nach dem Kauf nichts davon zeigte. Denn dann hätte der Verkäufer sie zurücknehmen müssen.

Trotzdem war Ulrike dankbar, daß die Freunde fast denselben Eifer an den Tag legten wie sie selbst. Nichts zeigte die Veränderung des Tieres mehr als das Zutrauen, das sie ebenso zu Niko,

Andi, Nadine und Ditte faßte. Kein Wunder, sie waren fast immer dabei, wenn Ulrike die Stute putzte, an der Longe arbeitete oder selbst wenn sie ihr nur einen Leckerbissen brachte.

Nicht nur durch Andis Bachblüten hatte Ulrike sich ebenfalls verändert. Endlich ein eigenes Pferd zu haben, das war schon was anderes als eine Reiterbeteiligung! Es machte sie stolz und glücklich. Viel seltener als sonst blickten ihre schwarzen Augen verloren, manchmal, wenn sie einen kleinen Fortschritt erzielt hatte, blitzten sie sogar übermütig und triumphierend.

Das, was ihr anfangs am meisten auf der Seele gelegen hatte, erwies sich als unnötige Sorge. Peter Soltau, der verehrte Reitlehrer, hatte sich nicht von ihr abgewandt. Letztlich hieß er ihren Kauf gut und stand ihr mit allen Kräften bei. Er schien nicht böse darüber, daß sie in diesem Fall auf seine Frau gehört hatte. Im Gegenteil, er neckte Sabine und sie oft deswegen. Jedesmal spürte Ulrike ihr Herz dann stärker klopfen: Eher hätte sie auf die Stute verzichtet als auf sein Vertrauen und seine Anerkennung.

»Ich will ihr einen anderen Namen geben«, sagte Ulrike.

Auf dem Zaun hockend oder dagegen gelehnt, beobachteten die fünf, wie Lady Lou elegant und weit ausholend über die Weide trabte.

»Schade, daß ich sie nicht Paleyka nennen kann.«

»Das geht auf keinen Fall«, erwiderte Niko überzeugt. »Du würdest ihr nicht gerecht, sie ist nun mal nicht Paleyka.«

»Was haltet ihr von Lady Leyka?« Eine gewisse Namensähnlichkeit schien Ulrike wünschenswert.

Niko, der zusah, wie die Stute in übermütigen Galopp verfiel, meinte: »Am Paddock damals hat sie nach mir ausgekeilt. Das war nicht gerade ladylike.«

Beide Arme auf den obersten Sparren gestützt, fand Ditte: »Wieso nicht? Wenn ihr danach war?«

»Mensch, Feuerkopf, ladylike heißt damenhaft, darunter versteht man...«, begann Nadine.

Ditte drehte das Gesicht zu ihr hin. »Meinst du, das weiß ich nicht? Trotzdem – ich hab manchmal auch 'ne Sauwut.«

»Und keilst aus«, half Andi.

»Wär nur noch zu klären, ob Ditte eine Dame ist.« Niko wollte sich totlachen.

Als er aufhörte mit Prusten, zwinkerte Ulrike der kleinen rothaarigen Freundin zu. Dann sagte sie leichthin: »Gut, den Namen hätte ich: Ladylike.«

Als es anfing zu nieseln, schlenderten die fünf zum Vereinslokal, das aufgrund des schlechteren Wetters gut besucht war. Stimmengewirr schlug ihnen entgegen.

Die weißen Pullover lose über die Schulter gelegt, standen die Zwillinge an einem der Tische in einer Gruppe von Tennisspielern.

»Puh, jetzt stinkt's wieder.« Marjas Partner im Doppel, in teure Filaklamotten gekleidet, rümpfte die Nase. Verächtlich sah er auf ihre Gummistiefel, die deutliche Spuren von Stallarbeit trugen.

»Warum müßt ihr bloß mit euren dreckigen Sachen hier reinkommen?« fragte der dunkelhaarige Schlaks neben Moni. Er schaute durch seine rote Hornbrille und schnippte ein nicht vorhandenes Stäubchen von seiner weißen Hose.

Ein blonder Dicker, dem man ansah, wie das Match ihm zugesetzt hatte, kaute mit vollen Backen.

»Da vergeht einem ja der Appetit«, meinte er, einen Moment mit der Zufuhr von Kalorien innehaltend.

»Mach den Mund zu!« schlug Ditte honigsüß vor. »Dann ist Abspecken leichter.«

»Räucherhering«, gab der Dicke zurück.

So angepöbelt zu werden, waren sie von einigen Tennisspielern gewöhnt. Die regten sich jedesmal über den angeblich unerträglichen Stallgeruch auf, fühlten sich ganz als Vertreter des sauberen weißen Sports. Dabei war das nun einmal so, Buchenholzteer hatte seinen eigenen Duft, und Ditte hatte an diesem Tag die Hufe ihres Florian reichlich damit bestrichen.

Als nächste mußte Nadine dran glauben. »Na, heute mal keinen Schmeck auf Mumies?« höhnte Marja. »Der Stallgestank vertreibt ihn wohl?«

»Was man von deinem Achselschweiß nicht sagen kann«, entgegnete Nadine gelassen. Denn die Schwitzflecken in Marjas Tennishemd waren deutlich erkennbar.

Diesmal hielt selbst Ulrike sich nicht zurück. Marja ohnehin wegen Niko nicht grün, nahm sie ihr besonders übel, daß sie so wenig Interesse für ihr Pferd zeigte.

»Sind eben Schmeißfliegen«, sprang sie der Freundin bei. »Oder heißt es Schweiß?«

»Ist wohl kaum auf deinem eigenen Mist gewachsen«, giftete Marja. Sie kniff die graubraunen Augen zusammen. Der Tennisschläger pendelte nicht mehr lässig vor ihren Beinen.

Das Wort »Mist« war für ihre Tennisfreunde wiederum ein Grund zur Heiterkeit. Sie gibbelten und gestikulierten, hielten sich die Nase zu und warfen bezeichnende Blicke in Richtung der fünf.

»Blöde Hexe!« rief Ditte. »Du reitest doch auch.«

»Selber eine«, sprang Moni der Schwester bei.

Der dunkelhaarige Schlaks trat nah an Ditte heran und beugte sich schnuppernd zu ihr hinunter. »Riecht sogar schon ein bißchen nach Scheiterhaufen!«

Da landete Dittes Hand klatschend auf seiner Wange.

Einen Moment standen sie sich gegenüber, der große Junge und die drahtige kleine Person, deren funkelnde grüne Augen vor Wut sprühten. Nicht eine Sekunde dachte Ditte daran, daß der Tennisspieler ihr an Größe und Kraft überlegen war.

»Laßt den doch!« meinte der friedfertige Andi. Er schob Ditte zur Fensterbank, wo ein Tisch frei geworden war.

»Hat keinen Zweck.« Ulrike erinnerte sich daran, daß der Reitlehrer ihnen schon mehrmals eingeschärft hatte, mit den Tennispielern keinen Streit anzufangen. »Wir haben dasselbe Vereinslokal; deshalb müssen wir mit ihnen auskommen. Toleranz ist da oberstes Gebot.«

»Was hab ich euch gesagt? Ditte keilt aus«, meinte Andi, nachdem sie sich niedergelassen hatten.

»Wie Ladylike«, sagte Niko.

Dieses Thema war, besonders für Ulrike, unerschöpflich.

Diesmal schwenkte Ditte, die noch immer wütend zu der Gruppe hinüberpeilte und sich erst entspannte, als die sich verzogen, schon bald auf ein anderes. »Was Marja nur immer mit den Mumies hat, Nadi!«

»Da höre ich gar nicht hin.«

»Vielleicht isse nur neidisch, daß sie nicht in einem solchen Klassewagen herumkutschieren darf.«

»Kann sein.« Nadine zuckte die Achseln. Was Marja sagte, war ihr total egal. Sie rückte lieber mit einer Neuigkeit heraus, die ihr auf den Nägeln brannte. »Stellt euch vor, Chico will Fotos von mir machen lassen. Für ein Magazin. Er sagt, ich wäre genau das, was sie lange gesucht hätten.«

»Ist ja doll, erzähl!« Ditte rutschte auf der Bank näher.

Doch soviel konnte Nadine gar nicht berichten. Was das für Fotos sein sollten, wußte sie nicht. Den Namen des Magazins kannte sie auch nicht. Was dieser Chico, der eigentlich Architekt war, damit zu tun hatte, darüber hatte sie sich keine Gedanken gemacht.

»Wie heißt denn der Fotograf?« erkundigte sich Niko.

»Keine Ahnung.«

»Wo hat der denn sein Atelier?« wollte Andi wissen.

Auch Ulrike fragte: »Ja, wo wohnt er denn?« Nicht nur den beiden Jungen schien die Sache reichlich suspekt.

Immerhin, den Namen der Straße konnte Nadine nennen.

»Da gibt's kein Fotoatelier«, behauptete Andi.

Wie der Zufall es wollte, saß gerade in der Ecke Hamburgs sein besonderer Busenfachfreund, ein Apotheker, mit dem er öfter Konferenzen abhielt.

Nadine, die sich durch die vielen Fragen in die Enge getrieben fühlte, versuchte sich zu verteidigen. »Weiß gar nicht, was ihr eigentlich wollt! Chico ist doch schließlich ein Freund meines Vaters.«

»Der die Fotos ausgerechnet dann machen lassen will, wenn deine Eltern in Urlaub sind«, trumpfte Ditte auf.

Also, jetzt hatte sie die Nase voll. Nadine warf die Haare über die Schultern zurück und setzte zu einer langen Rechtfertigung an.

Da sagte Sabine Soltau hinter ihr: »Dacht ich es mir doch, daß ich euch hier finde. Habt ihr das schon gesehen?«

Sie warf zwei gefaltete Zeitungen auf den Tisch und rutschte zu Andi und Ditte auf die Bank.

Der Reporter Hansi Mensing und sein Kollege vom Konkurrenzblatt hatten sich alle Mühe gegeben. Ebenso ausführlich wie angemessen gingen beide auf die große Waldsäuberungsaktion ein, den Leuten vom Schleusenhof wurde ein großes Lob für diese Initiative zuteil. Den riesigen Müllberg stellten sie nicht als gewünschten Erfolg dar, sonden als trauriges Ergebnis, das Anlaß zum Nachdenken geben sollte.

»Hier wäre Müllverbrennung das Beste«, schloß Hansi Mensing seinen Artikel im Stadtanzeiger.

Nicht so einstimmig wurden die Fotos aufgenommen. Ditte klagte, daß von ihr zuwenig zu sehen sei; Niko fand sich nicht gut getroffen.

»Hättest dir eben die Haare stylen sollen«, meinte Nadine ungerührt. Mit kritischen Augen musterte sie den neben ihr Sitzenden. »Und außerdem solltest du zum Friseur; deine Haare sind schon wieder fürchterlich lang.«

»Vor allem da über den Ohren«, gab Ulrike ihr recht.

Daß Ulrike überhaupt sein Aussehen interessierte, brachte

Niko in Verlegenheit. Seine Ohren liefen rot an, und leider waren die flachsblonden Haarspitzen noch viel zu kurz, als daß es unbemerkt geblieben wäre.

Ohne sich dessen bewußt zu sein, rettete ihn Sabine Soltau vor spöttischen Bemerkungen. »Müllvermeidung ist die Lösung des Problems«, sagte sie. »Ich habe darüber nachgedacht. Es ist einfach nicht zu fassen, wenn wir hier auf dem Schleusenhof für eine 250-Liter-Abfalltonne jährlich 280 DM bezahlen, und jemand, der nur eine 90-Liter-Tonne braucht, 192 Mark.«

»Wenn wir jetzt Compi hätten«, meinte Ulrike.

»Das brauchen wir gar nicht, das kann ich im Kopf.« Ditte rechnete blitzschnell. »280 durch 250 – hm – sind 1,12.«

»Und das durch 52«, sagte Sabine Soltau.

»Wieso?« fragte Niko.

»52 Wochen hat das Jahr. Du machst jede Woche 'ne Tonne Müll voll.« Ditte rechnete weiter. »Das sind 2 Pfennige pro Liter. Und 192 durch 120 – eh – sind 1,60, und das durch 52 sind aufgerundet 3 Pfennige. Donnerwetter, dann bezahlt ja derjenige, der mehr Müll hat, weniger pro Liter als der . . .«

Sabine Soltau nickte. »Der weniger fabriziert, richtig.«

Die fünf konnten es nicht glauben.

»Wer viel Abfall macht, wird belohnt?« stellte Andi fest. »Gilt das überall in Trittau? Oder nur für den Schleusenhof?«

»Nein, nein, das gilt überall. Das ist wohl in anderen Städten auch so.«

»Kann man denn nichts dagegen tun?« Niko hätte am liebsten die Ärmel hochgekrempelt.

»Zuerst werde ich mal den Gemeinderat mobil machen«, sagte Sabine Soltau. Der Gedanke an Müllvermeidung war ja nicht neu. Es gab sogar hier und da schon Versuche, die Abfallentsorgungsgebühren anders zu regeln. In einer Stadt, das wußte sie, war man dazu übergegangen, die Mülltonne bei der wöchentlichen Müllabfuhr wiegen zu lassen.

»Der Müll ist doch unterschiedlich schwer«, warf Nadine ein. »Kunststoff wiegt leichter als Gartenabfälle zum Beispiel.«

»Gut finde ich, wenn die Leute im Supermarkt einfach überflüssige Verpackungen dalassen«, meinte Andi. »Davon habe ich in der Zeitung gelesen.«

Ulrike schien das nicht der richtige Weg. »Glaubst du, der Supermarkt tut den Kram nicht in die Mülltonnen? Ist doch egal, ob die Kartons dort oder beim Kunden im Abfall landen.«

»Am besten wäre, wenn man bei den Firmen an Verpackung sparte«, schlug Ditte vor. »Stellt euch vor, Salami ohne Pelle oder Eis ohne Stiel!«

»Das ist nicht komisch.« Andi mußte aber doch lachen, als er sah, daß sie eine Grimasse schnitt. »Zahnpasta ohne Tube . . .«

In den nächsten zehn Minuten übertrafen sie einander mit Vorschlägen, einer besser und abwegiger als der andere. Selbst Sabine Soltau beteiligte sich daran. Ohne Spaß konnte man schier verzweifeln, fand sie.

»Frau Soltau, kommen Sie! Die neue Stute, das Aas . . . Schnell!« Bienes Gesicht war puterrot vom Laufen. Die blauen Babyaugen blickten verstört, geweint hatte sie auch.

Mehr als Sabine Soltau elektrisierte dieser Anblick Ulrike. Die neue Stute? Das konnte nur eine sein, ihr Pferd Ladylike.

»Was ist mit ihr?«

»Drüben bei den Tennisplätzen!«

Der Rest ging in Schluchzen unter. Doch das genügte! Ulrike sprang auf, ihr Stuhl fiel um. Gefolgt von den anderen, rannte sie los, aus dem Vereinslokal, die Treppe hinunter, quer über den Hof.

Der Anblick, der sich ihnen bot, war scheußlich. Der rote Platz, für die morgigen Meisterschaften hergerichtet, wies deutlich tiefe Spuren von Pferdehufen auf. Das Netz war heruntergerissen und teils zerfetzt. Einige Mitglieder des Tennisklubs, darunter Marja und ihre Partner, versuchten zu retten, was zu retten war. Ihre Tennisschläger und die weißen Pullover schwenkend, hatten sie Ladylike offensichtlich gejagt und in eine Ecke gedrängt. Die Stute, völlig außer sich, stieg laut wiehernd hoch und keilte in höchster Panik nach allen Seiten aus.

»Mein Gott, wie konnte das passieren?« rief Sabine Soltau. Sie packte Ulrike, die losstürzen wollte, am Arm. »Warte, Rike!«

Ulrike versuchte sich loszureißen. »Mein Pferd, was machen sie bloß mit meinem Pferd?« In dieser Sekunde wünschte sie sich sehnlichst, Peter Soltau wäre nicht nach Pinneberg gefahren. Dann brach sie in Tränen aus.

Da heulte die Praktikantin Biene los wie ein Kind. »Ich habe das Gatter offengelassen.«

»Verdammt noch mal, nehmt euch zusammen!« Sabine Soltau zeigte auf Niko, Andi, Ditte und Nadine. »Wir müssen erstmal die Tennisspieler dort wegbringen. Du, Rike, wartest! Erst wenn die aufhören, so ein Geschrei zu machen und herumzufuchteln, kannst du etwas tun.«

Entschlossen marschierte sie mit den vier Jugendlichen zusammen auf die Tennisspieler zu, die zunehmend außer Rand und Band gerieten und nun noch anfingen, laut zu schreien.

Ladylike war nicht wiederzuerkennen. Flach nach hinten gelegte Ohren, rollende Augen, die Nüstern zusammengezogen und die Zähne zum Beißen entblößt – eine in die Ecke getriebene Kreatur, die sich nur durch wildes Bocken , Steigen und Auskeilen zu helfen wußte. Blaß bis in die Lippen wartete Ulrike, wie Sabine ihr das befohlen hatte.

Die Tennisspieler konnten vielleicht Bälle übers Netz schlagen, aber von Pferden hatten sie keine Ahnung. Selbst die Zwillinge schienen nur den kaputten Platz zu sehen, der ihre Hoffnungen auf die Meisterschaft zerstörte, und hatten anscheinend alles vergessen, was sie je über Pferde gelernt hatten.

Es war ein mühseliges Stück Arbeit, erstmal die Menschen zu

beruhigen, damit das Tier besänftigt werden konnte. Einen solchen Stimmaufwand hatte Sabine Soltau selten gebraucht. Jeder einzelne mußte angesprochen, geradezu angefleht werden, zurückzutreten, Tennisschläger oder Pullover herunterzunehmen, nicht zu schreien, sich zu entfernen. Das Stallpersonal, allen voran Biene, die vier Freunde und sogar Danny halfen, so gut es ging. Einsichtig war kaum jemand.

»Glauben Sie, wir lassen uns von Ihren blöden Viechern den ganzen Platz kaputtmachen?«

»Wir kriegen die Mähre hier runter, Sie werden schon sehen!«

»Die müßte man erschießen!«

Da hielt Ulrike es nicht mehr aus. Sie drängte sich durch die Menge, breitete die Arme aus und rief: »Bitte, laßt mich das machen. Es ist mein Pferd!«

Es ging in dem Trubel unter. Da kam Danny ihr zu Hilfe. Der kleine Wildfang kämpfte sich zwischen den Beinen der anderen bis zu ihr durch.

»Ich helf dir doch!«

Hinterher konnte niemand mehr sagen, wie es passiert war. Jedenfalls kam Danny der wieder aufsteigenden Ladylike und ihren Vorderhufen gefährlich nah.

»Danny!« Schneller als jeder andere hechtete Nadine vorwärts. Vom Judo her im Fallen trainiert, packte sie die Kleine und rollte über die linke Schulter außer Reichweite der Hufe.

Ihr Schrei und ihre Leistung brachten die meisten zur Besinnung. Murrend zwar, aber doch viel stiller, zogen sich die Tennisspieler einer nach dem anderen zurück bis zum Eingang der grünen Traglufthalle.

Völlig erledigt meinte Sabine Soltau: »Jetzt, Rike. Aber, Mädchen, sei vorsichtig!«

Schritt für Schritt näherte sich Ulrike der Stute. »Ladylike, du Liebe, ich weiß, du hast Angst gehabt. Jetzt ist alles wieder gut. Du kennst mich. Du bist doch meine Liebe.«

Offensichtlich erkannte das Pferd trotz seiner Panik das Mädchen wieder. Und Ulrikes sanfte und beruhigende Stimme tat ihre Wirkung.

»Was ist hier los?« Peter Soltau, den man bei seiner Rückkunft sofort mit der schlechten Nachricht überfallen hatte und der im Eiltempo angerannt kam, blieb neben seiner Frau stehen. Ein Blick genügte, um ihm ein ungefähres Bild von dem, was passiert war, zu verschaffen. Die Furchen in dem roten Sand, die schweißnasse Stute in der Ecke des Maschendrahtzaunes sprachen eine allzu deutliche Sprache.

Sabine Soltau griff nach seiner Hand. »Keine Angst, Rike schafft das schon! Trotzdem – gut, daß du kommst.«

Es braut sich was zusammen

»Wirklich ein eigenes Pferd?« Der junge Mann beugte sich vor und drückte Ulrike einen Kuß auf die Wange. »Da gratuliere ich dir aber.«

Georg Soltau, der Sohn des Reitlehrers aus erster Ehe, war äußerlich ein ziemlich genaues Ebenbild seines Vaters. Etwas über mittelgroß, schlank und drahtig, dieselben braunen Haare, nicht lockig, aber doch gewellt, blaue Augen. Deshalb brachte nicht nur die Selbstverständlichkeit, mit der er sie küßte, Ulrike aus der Fassung. Wie alle Mädchen auf dem Schleusenhof konnte sie sich dem Charme des Neunzehnjährigen nicht entziehen. Außerdem war Georg auf dem besten Wege, ein Springreiter-Crack zu werden; da war ihm ihre Bewunderung sicher.

Zwei Monate lang war Georg mit Rucksack und wenig Geld allein in den USA rumgereist. Braungebrannt und ein bißchen abgemagert, war er zur Freude aller wieder auf dem Schleusenhof erschienen.

»Und auf die andere Seite!« Georg küßte ungeniert weiter, als er die Verlegenheit des Mädchens bemerkte.

Unwillkürlich fuhr ihre Hand an die Wange. Ihr Blick ging zu den Freunden, um zu sehen, wie sie das aufnahmen.

»Warum hab ich kein neues Pferd?« Ditte hob die Augen sehnsuchtsvoll zum Himmel. Im nächsten Moment lachte sie spitzbübisch und hielt ihm die Wange hin. »Du, Georg, ich hab zu Hause einen Hamster.«

»Dafür hamstert man keine Küsse ein«, gab der Junge schlagfertig zurück.

»Das ist echt herbe!«

»Ungerecht. Was ist damit?« Nadine deutete auf die zwei Bobtails, die über den Hof stöberten und gerade anfingen, sich in einem Haufen Pferdeäpfel zu suhlen.

»Ein berühmter Amerikaner hat zwar gesagt, man brauche drei Streicheleinheiten pro Tag, aber von Kußeinheiten hat er nichts erwähnt.«

Georg drehte sich zu Andi und Niko um. Er schürzte die Lippen und sah sie für Sekunden nachdenklich an. Dann meinte er: »Ich versteh' euch nicht, Jungs. Hier scheint echter Mangel vorzuliegen; könnt ihr das nicht übernehmen?«

Dabei zwinkerte er ihnen zu und lachte.

Andi winkte verlegen ab. Georgs Lachen war jedoch derart ansteckend, daß er seine Verlegenheit schnell überwand. »Ich könnte das Streicheln übernehmen.«

Nadine und Ditte kicherten. »Unser Andi, wer hätte das gedacht!«

Niko dagegen spürte einen Stich. Was der bloß mit seiner Küsserei hatte! Er mochte Georg; neidlos konnte er sich über dessen Erfolge als Springreiter freuen. Doch daß die Mädchen voll auf den Älteren abfuhren, machte ihm zu schaffen. Beinahe wütend beobachtete er, wie Nadine und Ditte ihm nicht von der Seite wichen, ja, selbst Ulrike war nur daran gelegen, Georgs Urteil über Ladylike zu hören.

Niko nagte an seiner Unterlippe. Besonders Ulrike! Andi und er schienen jedenfalls Luft zu sein. Ihr Urteil zählte wohl nichts mehr.

»Also, was gibt's Neues?« fragte Georg.

Während sie hinüber zur Weide gingen, hielt Niko sich zurück; nur die anderen berichteten. Von Ulrikes Großvater, der gestorben war und ihr in seinem Testament Geld vermacht hatte. Von den vielen Fahrten zu Händlern und Züchtern. Wie Erwin Barsch eine Stute im Schleusenhof unterstellte, die ihr Brot im Schulbetrieb verdienen sollte.

»Es war Liebe auf den ersten Blick«, kennzeichnete Nadine die erste Begegnung zwischen der Freundin und Ladylike.

Und nun stimmten die Mädchen gemeinsam Andis Loblied an, schilderten, wie sehr er sich um die Stute gekümmert hatte, erst mit Werner Wolters zusammen, dann allein. Ein wahrer Wunderdoktor!

»Allerdings«, schränkte Ulrike ein, »je mehr sich Ladylike erholt, desto mehr verliert er das Interesse.«

»Das ist bei allen Ärzten so«, sagte Georg. »Jedenfalls hat er dein Pferd in Hochform gebracht.«

»Mit Nikos Hilfe, versteht sich!« sagte Ulrike. Seine Hilfe, fand sie, war ungebrochen.

Sie griff nach Nikos Arm. Und der große flachsblonde Kerl kam sich auf einmal ganz schäbig vor. Bah, was für miese Gedanken gingen in seinem Kopf herum. Ungerecht war er, einfach wahnsinnig ungerecht vor Eifersucht.

Niko gab sich einen Ruck. Er erzählte Georg von dem großen Desaster auf dem Tennisplatz, wie die Schläger schwingenden Spieler Ladylike in höchste Panik versetzt hatten.

»So einen Zoff gab's lange nicht mit denen!« stellte Andi fest.

»Wie steht es im Moment?« Georg dachte an den Vater, der sein Motto ›Ruhe und Ordnung im Stall‹ gern auf den ganzen Schleusenhof ausgedehnt sah. Ein solcher Streit mit den Tennisspielern würde ihm nicht gefallen.

»Wir ärgern die, wo wir können.« Dittes Handbewegung sprach Bände.

Georg glaubte dem Feuerkopf aufs Wort. Man brauchte Ditte nur anzusehen, um zu wissen, daß unter ihren roten Locken mancher Schabernack ausgebrütet wurde.

Mehr auf Ausgleich bedacht, meinte Nadine: »Nun, sie machen

uns ganz schön zu schaffen. Im Vereinslokal geht es oft hoch her.«

»Sag es ruhig, wir sind uns spinnefeind.« Ulrike trat an das Gatter und rief Ladylike mit einem leisen Pfiff.

Die Holsteiner Stute mit der hübschen schmalen Blesse kam angetrabt, so daß Georg gleich Gelegenheit hatte, den eleganten und raumgreifenden Gang mit der hohen Aktion zu bewundern. Mißtrauen und Aggressivität hatten sich verloren. Als Ulrike sie mit guten Worten herbeilockte, kam sie ganz nahe, obwohl ein Fremder dabei war. Sie ließ sich tätscheln und liebkosen. Dann nahm sie mit weichen Lippen die Mohrrübe aus Ulrikes Hand.

Mit Kennerblick begutachtete Georg die Stute, den geraden Kopf, den schön getragenen Hals, die Länge der Schultern, die Höhe des Widerrists im Vergleich zur Kruppe. »Ein Pferd mit viel Rahmen, Rike, das weist auf gute Reitpferdeigenschaften. Die Kondition ist gut.«

»Du hättest sie vorher sehen sollen. Da hätt' sie nicht mal für die Wurst was hergegeben.« Erschrocken schlug sich Ditte auf den Mund. Abbittend streckte sie die Hände aus. »Nicht böse sein, Uli! Aber ist doch so.«

»Trainiert Vater dich schon?« fragte Georg.

Ulrike bejahte. »Wir haben gerade angefangen.«

»Die vom Tennisclub fühlen sich im Recht.« Peter Soltau legte seiner Frau den Arm um die Schulter, demonstrierte unbewußt Gemeinsamkeit. So folgten sie dem Mann vom Gewerbeaufsichtsamt, einem hageren Vierzigjährigen, der sich zunächst sehr jovial zeigte.

»Trotzdem, es ist nichts anderes als Schikane«, behauptete Sabine Soltau.

Ganz unrecht hatte sie nicht. Der Streit zwischen den Tennisspielern und Reitern nahm schärfere Formen an. Daß man ihnen nun das Gewerbeaufsichtsamt auf den Hals gehetzt hatte, war ein Teil davon. Da hatte einer seine guten Beziehungen spielen lassen, damit der *Schul- und Ausbildungsstall Schleusenhof* einer Kontrolle unterzogen wurde.

Für Soltau war schlimmer, daß diese Auseinandersetzung bis in den privaten Bereich hineinspielte. Solange die Zwillinge Marja und Moni bei ihnen wohnten, würde kein rechter Friede mehr einkehren. Die beiden Mädchen hatten sich völlig auf die Seite der Tennisspieler geschlagen. Besonders Marja machte die Reiter dafür verantwortlich, daß sie bei der Meisterschaft nur zweite geworden war. Ein Glück, daß ihr Aufenthalt dem Ende zuging.

»Was glauben die zu finden?« regte Sabine Soltau sich auf. Ungerechtigkeit brachte sie in Harnisch. »Daß wir nicht genügend Toiletten haben? Oder bei Silvi oder Moni den Mutterschutz nicht beachten?«

»Um Himmels willen, bekommt eine von ihnen ein Kind?« Irritiert sah ihr Mann sie an.

Da mußte sie lachen. »Ich hoffe nicht.«

»Laß ihn, er kommt jetzt in den Bereich von Schmutz- und Gestankemission«, meinte Soltau, als Schmidt vom Gewerbeaufsichtsamt, wie der Mann sich vorgestellt hatte, in die Ställe strebte. »Wenn er da etwas findet, das zu bemängeln ist, können wir es nicht ändern.«

»Aber . . .«

Peter Soltau küßte seine Frau auf den Mund, zärtlich und ausgiebig.

»Jetzt weiß ich endlich, von wem Georg das hat!« Dittes muntere Stimme ließ die beiden auseinanderfahren.

»Oh«, lachte Sabine Soltau, »das Vorleben einer intakten Ehe bringt uns beim Gewerbeaufsichtsamt doch bestimmt Pluspunkte.«

Ihr Mann dagegen hüstelte verlegen, als er die halb neugierigen, halb belustigten Blicke der Jugendlichen und seines Sohnes auf sich gerichtet sah.

Das heißt, Ulrike fand das, was sie gesehen hatte, weniger lustig. Seit sie, unterstützt von Sabine Soltau, das Pferd gegen den Rat des Reitlehrers gekauft hatte, fühlte sie sich Sabine besonders verbunden. Trotzdem mißgönnte sie ihr den Kuß. Sie spürte, wie ihr Puls auf einmal schneller schlug, und blickte rasch weg.

Nur mit halben Herzen hörte sie zu, als Soltaus sie darüber informierten, daß das Gewerbeaufsichtsamt den Schleusenhof kontrollierte.

»Zufall ist es sicher nicht, daß der zweite Vorsitzende vom Tennisklub dort tätig ist«, erkannte Georg.

»Auf die Dauer kann das nicht so weitergehen.« Peter Soltau schüttelte den Kopf. Ihm gingen die Auseinandersetzungen sehr gegen den Strich.

Sie überlegten hin und her, wie man den Streit endlich beilegen könnte, bis der hagere Mann aus dem Stall zurückkam.

»Na, wie sieht's aus?« erkundigte sich Soltau.

Keineswegs mehr jovial, zog Schmidt vom Gewerbeaufsichtsamt es vor, sich in Schweigen zu hüllen. Als er davonfuhr, wußten sie nicht mehr als dies: »Es wird alles in meinem Bericht stehen.«

Dafür schilderten Lehrling Silvi und Praktikantin Biene kichernd, wie er sie über die Arbeitsbedingungen am Schleusenhof ausgehorcht habe.

»Er wollte genau wissen, wie die Pausen geregelt sind.«

Bienes rosiges Gesicht ahmte versuchsweise Schmidts Mienenspiel nach. »Er hat so komisch gefragt. Unsere Antworten schienen ihm nicht zu gefallen.«

Ohne ein Wort zu sagen, hörte Sabine Soltau zu. Aber der Unmut war ihr deutlich vom Gesicht abzulesen. Eine Lösung mußte gefunden werden. Doch jetzt hatte sie keine Zeit mehr. Sie mußte zur Gemeinderatssitzung. Abends konnten sie sich dann zusammen eine Strategie überlegen.

»Wenn ich bloß wüßte, was heute los war!« Mißmutig lehnte Ulrike den Kopf gegen den Buchenstamm.

Nach der Trainingsstunde hatten sich die fünf am Thingplatz eingefunden, dem einzigen Fleck draußen, wo man es bei dem schwülen Wetter einigermaßen aushalten konnte.

»Vielleicht ist Peter wetterfühlig.« Niko zeigte nach Westen in Richtung Großensee. »Da braut sich nämlich was zusammen.«

Ihm tat Ulrike, die heute mit Ladylike keine Gnade vor den Augen des Reitlehrers gefunden hatte, leid. Nichts hatte sie ihm recht machen können, fehlende Kreuzeinwirkung hatte er ebenso bemängelt wie Sitz und Haltung, mal war sie zu schnell, mal das Tempo zu langsam gewesen.

»Weißt du, was er gesagt hat?« Ulrike hieb mit der Hand auf ihre Knie. »Ich solle Ladylike kein Extrafutter mehr geben. Sie werde zu träge. Als ob er sie noch nie auf der Weide gesehen hätte!«

»Stimmt«, Niko stand auf, pflückte einen Grashalm ab, setzte sich wieder, »träge ist Ladylike wirklich nicht.«

»Er ist sauer wegen des Gewerbeaufsichtsamtes«, sagte Andi.

»Trotzdem, meine Stute ist nicht träge. Ihre Gänge sind selten, das hat er anfangs selbst gesagt.« Ulrike erging sich lang und breit über die Vorzüge der Stute.

Keiner der Freunde widersprach. So richtig erwärmen konnte sich an diesem Tag jedoch niemand dafür. Außer Niko vielleicht, wenn er nicht gerade auf seinem Grashalm kaute.

Ditte schloß die Augen zu einem kleinen Spalt und blinzelte in die drohenden Wolkenmassen. Sie hatte Bauchschmerzen. In ihrem Unterleib krampfte sich etwas in regelmäßigen Abständen zusammen. Das tat weh und hob ihre Laune, die in den Tagen vor der Periode ohnehin gedrückt war, nicht gerade.

Vollkommen damit beschäftigt, was da in ihr vorging, wartete sie auf den nächsten Krampf, und als er kam, preßte sie beide Hände gegen den Bauch.

»Was hast du?«

Die Frage war teilnehmend und hatte eine freundliche Antwort verdient.

Ditte jedoch funkelte Andi an, als ob er etwas für ihre Bauchschmerzen konnte. »Ich krieg meine Tage, du Blödmann!«

»He, spinnst du?« Nadine strich sich das blonde Haar aus der Stirn. »Ist doch kein Grund, gleich loszukeifen.«

»Tut mir leid«, sagte Ditte noch immer gereizt.

Der gute Andi war durch nichts zu erschüttern. »Laß mal, ich weiß schon, prämenstruelles Syndrom.«

»Kann man was dagegen tun?« erkundigte sich Nadine.

»Sag jetzt bloß nicht Bachblüten!« fauchte Ditte.

»Wieso? Wenn's hilft!«

Nadine hätte gern das Thema gewechselt, mit den Freunden über die Fotos gesprochen, die Chico von ihr machen lassen wollte. Der Fototermin rückte näher, und Nadine fühlte sich hin und her gerissen. Einerseits war sie stolz darauf, daß sie als Modell in Frage kam; Chico hatte ihr erzählt, daß es ein bekannter Fotograf sei, daß er nicht jedes Mädchen dafür nehmen könne. Das schmeichelte ihr.

Andererseits war da ein leiser Zweifel. Über die Art der Fotos hatte Chico ihr nichts sagen wollen.

»Laß dich überraschen!«

Das wollte sie ja gern tun. Trotzdem beschäftigte sie die Frage. Es gab viele Arten, Mädchen zu fotografieren, und viele Arten von Magazinen. Klassenkameraden tauschten manchmal welche unter der Bank aus, mit nackten Frauen in allen möglichen Posen. Sie machten saublöde Witze darüber. Der größte Witz schien darin zu bestehen, die Fotos den Mädchen in der Klasse zu zeigen.

In so ein Magazin will ich auf keinen Fall, stand für Nadine fest. Gleichzeitig ärgerte sie sich. Warum brachte sie bloß nicht den Mut auf, den Freund ihres Vaters einfach zu fragen? Genau da lag das Problem. Er war Vaters Freund, sogar ein besonders guter. Sie konnte sich nicht vorstellen, daß er etwas von ihr verlangte, das nicht in Ordnung war. Wenn ich ihn verdächtige, mich zu Nacktfotos zu überreden? Und wenn er das dann Vater erzählt? Dann gibt's ein Donnerwetter wie das da – Nadine beobachtete, wie sich die inzwischen schwärzliche Wolkenwand näher schob. Jeden Moment konnte das Gewitter losbrechen.

»Trotzdem werde ich Ladylike weiterhin das Futter nach Plan geben«, sagte Ulrike in diesem Moment.

»Himmel!« fuhr Nadine auf. »Hast du wirklich keine anderen Sorgen?« Sie sah auf ihre Armbanduhr. Jetzt war die Gelegenheit wieder verpaßt. Sie mußte sich sputen, wenn sie Chico nicht warten lassen wollte.

»Ich muß weg!« Nadine rannte los, die Hände schützend über den Kopf gelegt, weil die ersten dicken Tropfen fielen.

»Was hat sie denn?« Gekränkt sah Ulrike ihr nach.

Manchmal zeigte sich Andi geradezu hellsichtig. »Bestimmt hat es etwas mit diesem Chico zu tun.«

FEUER UND EIS

Fünf Tage später war Ditte wieder ansprechbar. Ulrike konnte mit ihr ausführlich die Kondition Ladylikes diskutieren. Das Wort des Reitlehrers, die Stute sei träge, hatte sie tief getroffen. Deshalb war sie froh, außer in Niko und Andi noch einen Sachverständigen zu haben, der ihr bestätigte, daß sie das beste Pferd der Welt hatte.

Leider streute Ditte auch leise Zweifel.

»Ladylike ist schwer in Ordnung«, sagte sie. »Kann nicht trotzdem etwas mit ihr los sein?«

Das beschäftigte Ulrike noch, als Sabine Soltau den neuesten Stand in der Auseinandersetzung mit den Tennisspielern kundgab. »Ich habe etwas entdeckt, das wird uns weiterhelfen.«

Von einer Gemeinderatssitzung zurückgekehrt, erschien die Frau des Reitlehrers energiegeladen wie selten. Aus ihrem braunen Haarknoten lösten sich Strähnen; jeden Augenblick konnte er völlig den Halt verlieren. Man sah ihr richtig an, wie sie gekämpft hatte.

Peter Soltau im Kreise seiner Jugendlichen der 16-Uhr-Abteilung begrüßte sie: »Na, gute Nachrichten?«

»Du hast es erraten«, Sabine Soltau wedelte mit einem Stapel Fotokopien, »ich habe Neuigkeiten. Sieh dir das an!«

Ihr Mann sah die Papiere durch. »Was bedeutet das?«

»Ganz einfach, der Tennisklub hat die zweite Traglufthalle ohne Genehmigung gebaut.«

»Au wei!« Ditte feixte. »Dann müssen sie die wieder abreißen? Das schadet ihnen gar nichts.«

Peter Soltau wechselte mit seiner Frau einen Blick des Einverständnisses. »Nun, Ditte, so weit wird es nicht kommen. Ich denke, sie werden einlenken müssen, und vielleicht kommen wir dadurch wieder zu einem friedlichen Miteinander.«

»Schade!«

»Hätte nie gedacht, Feuerkopf, daß du so streitsüchtig bist!« staunte Ulrike.

Auch der mehr auf Ausgleich bedachte Andi sah sofort die gute Seite. »Wäre doch ätzend, wenn das auf die Dauer so weitergeht. Nun müssen sie hübsch ihre Klappe halten, brauchen sich über den Vorfall mit Ladylike nicht mehr so aufzuregen.«

Als Nadine und Niko dazu nickten, mußte Ditte lachen. Sie schüttelte ihre roten Locken. »Ihr seid gut, als ob ich solch ein Streithammel wäre!«

Niko grinste. »Stimmt, du bist der reinste Friedensengel – wenn du nicht gerade deine Periode hast.«

»Komm, Peter, als Friedensengel versuchen wir beide uns jetzt auch«, schlug Sabine Soltau vor.

An diesem Tag trieb es keinen der fünf schnell nach Hause, nicht einmal Nadine. Sie warteten gespannt, wie die Unterredung mit dem Vorstand des Tennisklubs ausgehen würde. Da war das Putzen der Pferde die richtige Arbeit, um sich abzulenken. Sie halfterten die Pferde in gehörigem Abstand im Hof an, Ladylike und Nikos grobknochigen Wallach Anton nebeneinander auf der Putzplatte, ein Zeichen dafür, wie sehr die Stute sich zum Guten entwickelt hatte.

»Wahrscheinlich wird es hier schon friedlicher, wenn die Zwillinge nicht mehr da sind«, stellte Ulrike fest, während sie Ladylike sorgfältig die Hufe mit dem Hufkratzer säuberte.

Derselben Meinung waren die anderen. In einer Woche würden die Zwillinge den Schleusenhof verlassen, hatte der Reitlehrer ihnen erzählt. Und keiner von ihnen bedauerte das. Ulrike grollte Marja schon allein deshalb, weil sie Tennis spielte, außerdem war sie wegen Niko und wegen Ladylike sauer. Andi war von den Zwillingen ohnehin wie Luft behandelt worden. Gegenüber Nadine hatten sich beide sehr zurückhaltend gezeigt, obwohl sie ihnen anfangs wie den anderen manchen Eisbecher, manche Cola spendiert hatte. Trotzdem hatte Nadine weder etwas für Marja und Moni noch gegen sie.

Solidarisch mit den Freunden, hatte Ditte nach dem Vorfall mit Ulrikes Pferd gegen die Tennisspieler gekämpft, doch die Zwillinge speziell dabei nicht im Visier. Ihr gefiel die direkte unverblümte Art Marjas. Marja und ihre Beziehungskisten würden ihr in Erinnerung bleiben, das wußte sie. Eins hatte sie von ihr wie von Nadine gelernt: Selbstbewußtsein, wenn es um Gefühle ging.

Ähnlich zwiespältig sah Niko die Zwillinge scheiden. Du liebe Zeit, was war er in Marja verknallt gewesen! Doch im Gegensatz zu Ditte hatte er einen ziemlichen Knacks in seinem Selbstbewußtsein davongetragen, als sich das Mädchen bald darauf einem der Tennisspieler zuwandte. So ganz überwunden schien die Sache noch nicht.

»Wenn du Anton so weiterstriegelst, kriegt der Löcher ins Fell!« Ditte schüttelte den Kopf über den flachsblonden Jungen, der rot wurde, als er sich beobachtet sah.

Niko schielte zu Ulrike hinüber. Zum Glück war die viel zu sehr beschäftigt und hatte nichts bemerkt.

Das entging Ditte nicht, diesmal jedoch hielt sie den Mund. Jedenfalls so lange, bis sie neben Andi nach Hause radelte.

Viel hatte sich inzwischen getan, der Frieden zwischen Reitern und Tennisspielern war wiederhergestellt. Ein großes gemeinsames Fest sollte das dokumentieren.

»Sag mal, Andi, glaubst du, daß Niko das mit Marja noch zu schaffen macht?« wollte Ditte wissen. »Vorhin ist er rot geworden...«

»Glaub ich nicht.« Andi beschäftigte etwas anderes. »Kümmere dich lieber um Nadine.«

»Wie meinst du das? Was ist mir ihr?«

Stockend erklärte Andi, worüber er sich Gedanken machte. Es fiel ihm nicht leicht. Er mischte sich nicht gern in anderer Leute Sachen. Aber niemand sonst schien sich Gedanken zu machen. Rike und Niko waren nur mit Ladylike zugange. Selbst Ditte war offenbar nichts aufgefallen.

Jetzt hatte der Feuerkopf keine Bauchschmerzen mehr und war ein guter Zuhörer. Sie begriff sofort, warum Andi sich Sorgen machte. »Du glaubst, das mit den Fotos ist nicht astrein. Denkst du an Nacktfotos?«

Himmel, Andi stieg das Blut ins Gesicht. Ditte hatte so eine direkte Art. Es half nichts! Er mußte heraus mit der Sprache. »Könnte doch sein.« Er zögerte einen Moment. »Oder Schlimmeres!«

»Aber dieser Chico ist ein Freund ihres Vater!«

»Na und? Gerade deshalb ist es seltsam, daß er sie für morgen dorthin bestellt. Da ist überhaupt kein Atelier, ich weiß das, und ich habe es ihr gesagt. Wer weiß, was der mit ihr vorhat. Er lockt sie in seine Wohnung . . .«

»Der wohnt woanders, hat Nadine gesagt.«

»Dann eben in *eine* Wohnung!« Der sonst so ruhige Andi war nicht wiederzuerkennen. »Komm mir nicht mit dem Freund des Vaters! Ich hab gelesen, die meisten Fälle von Vergewaltigungen finden durch Bekannte oder Verwandte statt.«

Erschreckt riß Ditte die Augen auf. »Hast du's ihr gesagt?«

»Ich hab's versucht«, meinte Andi kläglich. »Es hat nichts genützt. Sie wird trotzdem hingehen.«

Sie überlegten hin und her, es fiel ihnen aber nichts ein, was sie dagegen tun konnten.

In dieser Straße gebe es kein Fotoatelier, hatte Andi gesagt, und es stimmte. Nichts an der eleganten Hochhausfassade aus Backstein und Glas deutete daraufhin.

»Ist es wirklich hier?« fragte Nadine unsicher.

»Ein Fotograf dieser Klasse hat solche Reklame nicht nötig.«

Der gutaussehende Mann mit den grauen Schläfen, den sie seit ihrer Kinderzeit kannte und wie ihr Vater Chico nennen durfte, legte ihr die Hand unter den Ellenbogen. »Komm, Liebes.«

Sonst hatte Nadine diese Geste mit Stolz erfüllt. Ungeheuer erwachsen und großartig war sie sich vorgekommen. Er nahm sie ernst und zeigte ihr etwas von der großen Welt, führte sie in Nobelbars oder in die Oper. Das war kein Kinderkram wie die Trittauer Disco, ein Kinobesuch mit den vier Freunden, Zusammenhocken auf dem Thingplatz im Schleusenhof.

Jetzt hatte sie plötzlich das Gefühl, als gehe von der warmen Männerhand an ihrem Ellbogen ein leiser, unwiderstehlicher Druck aus, dem sie sich nicht entziehen konnte.

»Oder hast du auf einmal kleinliche Bedenken?« fragte Chico. Seine Brauen hoben sich, um die Mundwinkel zuckte es spöttisch. »Es zwingt dich keiner, das weißt du.«

»Nein, natürlich nicht.« Nadine stotterte beinahe, obwohl sie es ihm am liebsten laut ins Gesicht geschrien hätte.

Eine böse Geschichte war das, die er ihr vor ein paar Tagen erzählt hatte, von einem Mädchen, bildhübsch, tadellos gebaut »wie du«, der wohl trotzdem etwas fehlte, um große Klasse zu sein. Jedenfalls war die laut weinend aus dem Fotoatelier auf die Straße gerannt. Eine Landpomeranze eben.

Nadine klang der verächtliche Ton seiner Stimme noch im Ohr. Sie hatte sich seinem Urteil schnell angeschlossen, Chico recht gegeben. Mit so jemandem brauchte sich der Freund ihres Vaters, ein bekannter Architekt, der einen flotten Wagen fuhr, in der Gesellschaft eine Rolle spielte und von den schönsten Frauen begleitet wurde, nicht abzugeben.

»Da bist du, Liebes, ein ganz anderes Kaliber.« Nur zu gern hatte sie ihm geglaubt. Außerdem, Fotos für ein Magazin – was war schon dabei?

Erst jetzt, während sie an Chicos Seite auf den Eingang zuging, fragte sie sich zum erstenmal, warum das Mädchen wohl weinend weggerannt war. Und sie meinte Nikos Stimme zu hören, der ihnen einbimste: »Kaliber ist Gewicht durch Höhe in Zentimetern.«

Ja, bei Pferden! Nadine preßte die Fingernägel in die Handfläche. Nichts war dabei, selbst wenn es Nacktfotos sein sollten.

Chico öffnete die Tür, als der Summer ertönte, und hielt sie ihr einladend auf.

»Nadine!«

Das war Andis Stimme. Sie fuhr herum. Tatsächlich! Schwankend zwischen Erleichterung und Verlegenheit, sah sie zu, wie er von der anderen Straßenseite auf sie zurannte.

»Einer meiner besten Freunde«, erklärte sie Chico. Zugleich registrierte sie, daß ihm diese Begegnung alles andere als willkommen war.

»Andi, was machst du denn hier?«

Der Junge deutete mit einer fahrigen Handbewegung die Straße hinunter. »Ich war da drüben in der Apotheke. Ich kenne da jemanden, du weißt schon, er stellt mir manchmal Rezepturen zusammen.«

Daß er ausgerechnet den immer blassen pickeligen Ecki bekniet und ihm das Taschengeld eines ganzen Monats angeboten hatte, wenn er ihn mitnähme, sagte er nicht.

Mit Ecki und seiner Clique standen die Schleusenhofer nicht auf gutem Fuß. Diese Jungen gingen zum Teil in Nikos Klasse, anders als er bretterten sie mit Mofas und Motorrädern durch Trittau, machten Randale in der Disko und bei den kleinen Jungen auf dem Fußballplatz, wenn sie nicht gerade Gewalt- und Horrorvideos konsumierten.

Überhaupt mit Ecki zu sprechen, war schwer gewesen. Herumgekriegt, ihn nach Hamburg zu bringen, hatte Andi ihn schließlich damit, daß er ihm ein Mittel gegen Akne angeboten hatte. Oben an der Straße hatte er dann Chicos Superschlitten abgepaßt, doch das verschwieg er. Keine leichte Sache für den grundehrlichen Andi.

So unbefangen, wie ihm das unter diesen Umständen möglich war, fragte er: »Und du?«

Jetzt war es an Nadine, verlegen zu sein. Hinzu kam, daß Chico ungeduldig schien. Seine Finger spielten am Türrahmen wie auf einer Klaviatur.

»Heute werden die Fotos gemacht«, sagte Nadine, die fühlte, wie sie rot wurde. »Ich hab davon erzählt, du weißt schon. «

Was nun passierte, hatte sie nicht erwartet. Alles mögliche, nur das nicht. Der schüchterne Andi, dem jedes Aufsehen peinlich war, der sich aus den Angelegenheiten anderer lieber heraushielt, hob die Hand, hustete kurz.

Dann sagte er: »Prima, ich komme mit. So was wollte ich immer mal sehen. «

Ein Nashorn war nichts gegen Andis Dickfälligkeit, staunte Nadine. Sie kannte den Freund nicht wieder. Obwohl Chicos Gesicht Bände sprach und er sein Mißvergnügen an dieser Begleitung nicht verhehlte, lächelte Andi ihn an. »Sie haben doch nichts dagegen. Fotografie interessiert mich wahnsinnig. «

Vor ihnen trat er durch die Eingangstür, die der Freund ihres Vaters noch aufhielt, in den Flur.

Beiden entging nicht, daß Chico und der Fotograf Jost Jenny, in supergestylten schwarzen Klamotten, die Haare dazu passend schwarz gefärbt und im Nacken hoch ausrasiert, leise verhandelten. Dann verschwand Jost, sie hörten ein Geräusch; als sie das Atelier betraten, verbarg ein Vorhang quer durch den ganzen Raum die andere Hälfte.

Nichts weiter als ein paar Porträtaufnahmen! Wer von beiden

erleichterter war, ob Nadine oder Andi, war schwer zu sagen. Nach einer schweigsamen Heimfahrt setzte Chico sie auf ihren Wunsch hin in der Trittauer Hauptstraße ab. Sie sahen dem rassigen Wagen nach, bis er um die Ecke bog.

»Ja, dann!« Andi war auf einmal verlegen.

Nadine hielt ihn am Ärmel fest. Sie beugte sich vor und küßte ihn auf die Wange. »Danke, Andi. Du, das war ganz große Klasse von dir.«

»Schon gut«, winkte er ab.

Damit gab Nadine sich nicht zufrieden. »Sag schon, was war hinter dem Vorhang?«

Aus seiner Hosentasche zog Andi das Foto. »Hier, ganze Stapel lagen davon rum.«

»Also doch!« Nachdenklich starrte Nadine auf das Bild eines nackten Mädchens, das, ein Bein auf einem Hocker, den Busen weit vorstreckte. Sie riß das Foto in winzige Stücke. »Wenn das kein Grund zum Feiern ist.«

»Kannst du haben.« Andi lächelte. »Beim Reiter-Tennis-Fest.«

»Die sollen sich wundern! Von wegen dreckige Stiefel! Wir machen eine große Schau«, wünschte sich Ditte.

Der Streit war zwar beigelegt, aber manch böses Wort noch nicht vergessen. Deshalb planten die fünf für das gemeinsame Fest im Vereinslokal in seltener Einigkeit ihren Auftritt.

»Dazu gehört, daß ihr beide euch stylt«, bestimmte Nadine.

»Was – ich auch?« sträubte sich Andi.

»Klar! Ich komme vorbei und hole dich ab.«

Niko boxte ihn leicht in die Seite. »Mensch, hab dich nicht so. Sie macht das prima.«

Protest war zwecklos. In allen Einzelheiten wurde festgelegt, was jeder von ihnen anziehen, wie er sich die Haare machen sollte.

»Wow!« riefen Ditte und Niko aus einem Mund, als sie sich zur verabredeten Zeit am Eingang zum Schleusenhof trafen. Wer eigentlich damit gemeint war, blieb unklar, denn jeder von ihnen hatte sein Bestes getan.

Andi war kaum wiederzuerkennen. Sein dunkelblondes Haar lag, durch Seitenscheitel getrennt, glatt am Kopf, nur ein paar Stirnfransen reichten fast bis zu den Augenbrauen. Er trug zu hellblauen Jeans ein Streifenhemd. Und nicht nur das!

»Wahnsinn!« Ditte faßte nach der roten Fliege unter seinem Kinn. »Andi mit Schlips, ach, so nennt man das gar nicht, du, das ist einfach bombig.«

Auch die anderen fanden sein Aussehen super. Niko, der das flachsblonde Haar mit Haargel nach hinten gekämmt hatte, nickte zufrieden. »Wenigstens bin ich dann nicht der einzige.«

Er glättete die Krawatte, ein Prachtstück abstrakter Kunst, über seinem dunkelblauen Hemd, das er diesmal zu den weißen Hosen angezogen hatte. Dabei musterte er die drei Mädchen. »Ehrlich, ihr seid auch nicht zu verachten.«

»Wurde Zeit, daß das einer von euch beiden bemerkt.« Ulrike drehte sich in dem neuen wadenlangen Rock, der farblich mit der orangefarbenen Bluse abgestimmt war.

Überrascht stellte Nadine fest, daß die Freundin an diesem Tag besonders gut aussah, beinahe ein bißchen exotisch. Zu dem schwarzen Haar, den ebenso dunklen Augen und der jetzt im Sommer gebräunten Haut paßte Rot in allen Schattierungen. Einen größeren Unterschied als zwischen ihnen beiden konnte es kaum geben, fand sie.

»Ihr seid wie Feuer und Eis«, meinte Ditte, der dieser Kontrast auch auffiel. Nadine, in einem hellen blaugrünen Hänger, der über und über mit glitzernden Pailletten bestickt war, sah aus wie eine Meerjungfrau. Sie trug die blonde Mähne offen. Die Augen hatte sie so raffiniert blaugrün geschminkt, daß diese noch größer, aber irgendwie geheimnisvoll unter den langen Wimpern hervorsahen.

Es war eine neidlose Feststellung. Dittes Selbstbewußtsein konnte an diesem Abend nichts trüben. Mit ihren roten Locken und der blassen sommersprossigen Haut war sie ein ganz anderer Typ. Deshalb bevorzugte sie diesen grünen Hosenrock mit passendem grünem Top. Außerdem kam sie sich durch das aufgesteckte Haar und die Schuhe mit dem höheren Absatz größer und erwachsener vor.

Nachdem sie sich gegenseitig genug Komplimente gemacht hatten, war es Andi, der die Sache auf einen Nenner brachte. »Bin ich froh, daß wir einfach so befreundet sind. Wenn ich denke, ich müßte mich für eine von euch entscheiden . . .«

Das war für jemanden, der wie er sonst nur chemische Formeln, medizinische Fachausdrücke und homöopathische Potenzen im Kopf hatte, schon eine sehr weitreichende und ungewöhnliche Bemerkung.

Wirklich erregten die fünf bei dem großen Fest das gewünschte Aufsehen. Marjas und Monis Tennispartner, die sonst abfällig über die Tussis mit den dreckigen Stiefeln geurteilt hatten, rissen sich geradezu darum, mit einer von ihnen zu tanzen. Und die Mädchen der weißen Sportzunft wären zu gern von Niko oder Andi aufgefordert worden.

Doch die beiden waren seltsam zurückhaltend. Andi tanzte, aus angeborener Schüchternheit, ohnehin lieber mit Ulrike, Nadine oder Ditte. Bei Niko verhielt es sich, aus anderen Gründen, ebenso. Bei ihm war es eine Frage der Solidarität. Durch Rikes Pferd, sagte er sich, ist es zu dem Streit gekommen; jetzt muß ich zeigen, wie wir dazu stehen. Daß Ulrike eines der hübschesten Mädchen war und es ihm dadurch sehr leicht machte, gestand er sich nicht.

»Komm, Rike!«

Sogar Marja, den seitlichen Pferdeschwanz noch kecker als üblich hochgebunden, wartete insgeheim darauf, daß wenigstens Niko mit ihr tanzte. Es wurmte sie, daß die fünf sie und ihre

Schwester links liegenließen. Durch ihre runde Brille schaute sie zu dem Paar auf der Tanzfläche. Verflixt, das sah ja aus, als ob Niko und Ulrike sich tief in die Augen sahen. Die beiden gingen ganz schön ran.

Na wartet! Über Marjas Gesicht huschte ein pfiffiges Lächeln. Als Abschiedsgeschenk werd ich euch den Abend vermiesen. Sie beugte sich zu Moni und zwei anderen Mädchen hinüber und tuschelte ihnen etwas zu.

NÄCHTLICHE STALLWACHE

»Jedenfalls fand ich es ganz gemein«, stellte Ditte zwei Tage
später fest.

Dabei war das Reiter-Tennis-Fest klasse gewesen. Wie üblich
hatte es zwar ein wenig gedauert, bis es der Band »Barking Bea-
gles« gelungen war, den Norddeutschen so einzuheizen, daß sie
alle die Tanzfläche bevölkerten. Als es erst richtig losging, war
jedoch kein Halten mehr gewesen: Alle tanzten, Reiter mit Reitern, Tennisspieler mit Tennisspielern, sogar Reiter mit Tennisspielern und umgekehrt.

Die fünf hatten sich bombig amüsiert.

»Wenn Marja nicht dazwischengefunkt hätte, wäre es auf jeden
Fall noch besser gewesen.«

Wie auf geheime Verabredung hin hatten der Zwilling und
zwei Tennisspielerinnen dauernd Niko aufgefordert. Kein einzi-
ger Tanz war mehr möglich gewesen. Da hatte der Feuerkopf
recht: Es war gemein. Und das war der Grund, warum Ulrike sich
jetzt regelrecht erleichtert fühlte: Die Zwillinge waren abgereist.

»Du kannst dich nicht beschweren«, behauptete Nadine.
»Dafür hat der liebe Peter mehr als einmal mit dir getanzt.«

»Ist mir auch aufgefallen«, sagte Ditte.

Für Ulrike gab es nichts Schöneres, als mit dem Reitlehrer zu
tanzen. Nie hatte sie ihn so für sich, nie war sie ihm so nah.
Trotzdem – beim Reiter-Tennis-Fest war das kein reines Vergnü-
gen gewesen.

»So, wie es im Moment aussieht, wird es nichts mit dem Turnier. Ich hab noch nicht raus, was mit dir und der Stute los ist. Diese Einheit von Reiter und Pferd, die du mit Paleyka erreicht hast, wird noch eine Weile brauchen«, hatte er gesagt.

Insgeheim fragte sich Ulrike, ob es vielleicht an ihm lag. Sie vertraute ihm und seinem Urteil über Pferde bedingungslos, und doch regte sich da, wenn sie abends im Bett lag und grübelte, ein leiser Zweifel. Wollte er sich dafür rächen, daß sie Ladylike gegen seinen Willen gekauft hatte? Wollte er ihr zu verstehen geben, daß sie ihr Geld für ein Tier hinausgeschmissen hatte, das es nicht wert war?

Andrerseits konnte sie sich das nicht vorstellen, jedenfalls nicht wenn sie morgens wieder klar dachte, wenn sie in sein Gesicht sah. Und doch – sie war die geborene Reiterin; im Augenblick aber wurde ihr jede Trainingsstunde zur Qual; sie wußte selbst, daß etwas nicht stimmte.

Es gab einen zweiten Menschen mit großem Sachverstand für Pferde, den Ulrike hätte fragen können. Doch Sabine Soltau konnte ihr nicht helfen. Sie war noch mit dem Problem Müllvermeidung beschäftigt, plante eine Aktion, bei der Handzettel an alle Trittauer Haushalte verteilt werden sollten.

»Aufklärung ist wichtig«, sagte sie. »Die meisten Leute wissen gar nicht, daß und wie sie Müll vermeiden können. «

»Und daß sie für weniger Müll mehr bezahlen«, erinnerte sich Ditte.

»Richtig, deshalb will ich eine Eingabe beim Landtag machen. «

Dieses Engagement fand bei Ulrike keine Resonanz. Ihr wäre es lieber gewesen, die Frau des Reitlehrers hätte sich mit Ladylike befaßt. »Schließlich hat sie mir zu dem Kauf geraten!«

Dieses Hin und Her der Gefühle war ein Grund, sich mehr an Niko zu halten. Der stand treu zu ihr, für ihn war Ladylike über jeden Zweifel erhaben. Sein Interesse an der Stute war ungebrochen. Anders als bei Andi, dessen Einsatz größer war, wenn seine medizinischen Kenntnisse gefragt waren. Ein gesundes Pferd war für ihn eben nur ein Pferd unter vielen. Er schenkte Ladylike jetzt nicht mehr Aufmerksamkeit als Nadines Tasco oder Marvin oder den Fröschen in seinem Teich.

Trotzdem hatte sie ihm das Versprechen abgerungen, sich die Stute noch einmal genau anzusehen, mit den Augen des Fachmanns sozusagen. Aufgerüttelt durch Ulrikes Vorhaltungen, den schwermütigen Blick, mit dem sie von ihrem Pferd sprach, und ihr Jammern, begleiteten die Freunde sie zum Paddock.

»Sieht sie nicht fabelhaft aus?« vergewisserte sich Ulrike. Sie war nicht so selbstgewiß, wie sie sich gab. Ihre Hände spielten nervös an den Ärmeln ihrer gelben Strickjacke.

Ladylike hob den Kopf und wieherte freudig. Nicht zuletzt dank Andis Salben glänzte ihr Fell jetzt mit ihren Augen um die Wette. Da war keine Spur einer Scheuerstelle mehr. Glatte Seiten ohne heraustehende Rippen – die Hüftknochen waren unter wohlgerundeten Muskelpaketen verschwunden. Ja, das war der richtige Ausdruck. Wohlgerundet schienen Bauch und Flanken ebenfalls.

»Doch, doch.« Es klang zögernd. Zwischen Andis Brauen bildete sich eine steile Falte. Seine braunen Augen blickten mehr als nachdenklich.

»Wir müssen sie auf Diät setzen«, sagte Niko. Sein Züchterinstinkt sagte ihm, daß da etwas nicht stimmte. Die Stute hatte einen so runden Bauch, also das konnte eigentlich nur eins bedeuten. »Es sei denn . . .«

»Was ist los? Was habt ihr beide bloß?« rief Ulrike. Sie war plötzlich dem Weinen nah. Angst um Ladylike schnürte ihr die Kehle zu.

»Pscht, siehst du nicht, daß sein Computer läuft?« Beide Arme in die Seite gestemmt, wartete Ditte. Sie war bereit, die Freundin bis aufs äußerste gegen die beiden Holzköpfe zu verteidigen.

»Ihr macht's wirklich spannend«, fand Nadine.

Nun ein Bild von einem temperamentvollen schönen Pferd, stand Ladylike im Paddock und scharrte mit den Hufen im Sand. Die beiden Jungen tauschten einen Blick. Dann fragte Andi: »Sag mal, hat Ladylike eigentlich irgendwann die Rosse gehabt?« Ulrike schüttelte den Kopf. Paleyka hatte einen Zyklus von 23 Tagen, die Rosse, die befruchtungsfähige Zeit, dauerte bei ihr genau vier Tage. »Nein, durch die Umstellung...«

Mit Niko einig wie nie, grinste Andi plötzlich breit: »Werner muß sich das zwar noch ansehen, Rike. Aber eins kann ich dir schon sagen: Die Stute ist trächtig.«

»Was?« Völlig verdutzt blinzelte Ulrike.

»Ihr meint...« Ditte blieb der Mund offenstehen.

»Ja«, sagte Niko, »Rike, du kriegst ein Fohlen.«

Unter den wachsamen Augen der fünf und Sabine Soltaus untersuchte der junge Tierarzt Ladylike. Endlich richtete er sich auf und nickte. »Ulrike, du hast was gut bei mir. Daß ich daran nicht gedacht habe!«

Er fuhr sich durch sein strubbeliges Haar und sah in die Runde. »Und wer von euch ist als erster draufgekommen? Andi, du?«

Mit Lorbeer, der ihm nicht zustand, wollte Andi sich nicht schmücken. »Nein, Niko.«

»Verstehe, du willst schließlich mal Züchter werden.« Werner Wolters nahm Andi bei der Schulter. »Da kann man mal sehen: Für die gesunden Tatsachen des Lebens müssen wir Ärzte noch den richtigen Blick entwickeln.«

Ulrike, selig über die unerwartete Wendung, fragte: »Wie lange wird es noch dauern«?

»Etwa sechs Wochen, denke ich.« Er zeigte auf die linke Flanke der Stute. »Siehst du, jetzt hat sie getrunken, und nun kannst du hier die Fohlenbewegung sehen.«

Mit langen Schritten kam Peter Soltau über den Hof. Er hatte das Auto des Tierarztes entdeckt und wollte wissen, was passiert war. Als er die Nachricht hörte, faßte er sich an den Kopf. »Das muß mir passieren! Da geht man so lange mit Pferden um und kennt sich doch nicht aus! Eine trächtige Stute – ich hätte es wissen müssen!«

»Mach dir nichts daraus, mein Lieber!« Sabine Soltau lächelte verschmitzt. »Nachwuchs bekommen ist nun mal nicht dein Fall. Erinnere dich nur, damals, als Danny unterwegs war . . .«

»Scht.« Peter Soltau legte seiner Frau den Finger über den Mund. »Verrat bitte nicht alle unsere Geheimnisse.«

Er wandte sich an Ulrike. »Dann wollen wir mal sehen, was wir über den Vater des Fohlens herauskriegen!«

Da war nichts zu machen. Soltau telefonierte mit Erwin Barsch. Er rief den Pferdehändler an, von dem Barsch die Holsteiner Stute gekauft hatte: nichts. Den nächsten und übernächsten – Ladylike war durch viele Hände gegangen – doch keiner konnte ihm etwas über die Herkunft der Trächtigkeit sagen, geschweige denn über den Hengst, der sie verursacht hatte.

»Was nun?« fragte Ulrike, die wie die Freunde gebannt seinen Telefonaten zugehört hatte.

»Nichts zu machen.« Soltau zuckte die Schultern.

Mit gekrauster Nase überlegte Ditte eine Sekunde. Dann platzte sie heraus: »Heißt das, ein uneheliches Fohlen?«

Während Ulrike rot wurde, lachte Soltau. »Ja, wenn du so willst, Ditte.«

Seine Frau trieb den Scherz weiter: »Als emanzipierte Frau, Rike, mußt du allerdings auf nichtehelich bestehen.«

»Das verstehe ich nicht.« Dittes grüne Augen blickten skeptisch. »Ist das nicht dasselbe?«

»Ja«, meinte Nadine, »man sagt doch auch möglich und unmöglich und nicht nichtmöglich.«

»Stimmt.« Sabine Soltau winkte ab. »Aber Feministinnen sehen hinter vielen sprachlichen Äußerungen männliche Diskriminierungsversuche.«

Nichts konnte Ulrikes Glück an diesem Tag trüben. »Ist mir egal, das mit dem Hengst. Auf jeden Fall hat das Fohlen ja mich.« Niko trat an ihre Seite. »Unehelich oder nichtehelich – na und? Wir machen das schon!«

Mit einem weiteren Anruf erreichte Peter Soltau zumindest eins: Bauer Jensen in unmittelbarer Nachbarschaft zum Schleusenhof erklärte sich damit einverstanden, daß Ladylike bei ihm abfohlte. Und nun fing eine Zeit an, in der Ulrikes Haupttätigkeit in Warten bestand. Denn viel konnte sie nicht tun. Ladylike bekam nur zusätzlich eine von Andi verordnete Gabe von 120 Gramm Futterkalkmischung.

»Das ist wichtig«, sagte er. »In den letzten zwei Monaten bilden sich die Knochen des Fohlens vor allem aus dem Mineralsalz Kalziumphosphat.«

Als Ladylike endlich zum Zeichen der nahenden Geburt Pech aus den Zitzen absonderte, freuten sich alle fünf. Das austretende getrocknete Sekret, das gelblich und glasig wie Baumharz war, bildete einen richtigen kleinen Zapfen.

Andi stellte fest: »Heut bleiben wir besser hier.«

Klar, daß das für alle fünf galt! Beinahe so aufgeregt wie Ulrike, wollten Nadine und Ditte gern helfen, wußten aber nicht, was sie tun konnten.

Bauer Jensen hatte für Ladylike eine geräumige Box zur Verfügung gestellt. Jeden Nachmittag nach der Schule war Ulrike dorthin geeilt, hatte ihr Pferd versorgt, geputzt, es auf die Weide geführt, nur noch schonend gearbeitet.

Ihre Hand, mit der sie ihrer Stute die hübsche schmale Blesse kraulte, zitterte plötzlich. »Meinst du, es ist soweit?«

»Ja«.

Niko war derselben Meinung. »Ich geh gleich und rufe Werner Wolters an.«

»Wie lange wird es dauern?« erkundigte sich Nadine, nachdem der Tierarzt die Stute noch einmal untersucht hatte.

»Das kann die ganze Nacht dauern.«

»Zu blöd!« schimpfte Nadine. Sie kaute auf ihrer Unterlippe herum.

Ulrike wußte, was die Freundin bedrückte. Ausgerechnet heute sollten ihre Eltern aus dem Urlaub zurückkommen. Also ausgeschlossen, daß Nadine über Nacht wegbleiben konnte!

Durch das mit Spannung erwartete Ereignis wie aufgedreht, turnte Ditte über einen Strohballen. »Mach dir nichts draus, wir erzählen dir hinterher alles haarklein.«

»Das ist nicht dasselbe, Feuerkopf!« protestierte Nadine.

Aber es half nichts. Sie mußte nach Hause. Sie mußte den Eltern die Sache mit Chico und den Bildern erzählen. Und zwar, auf Andis Rat hin, bevor der Vater mit dem Freund sprach.

Zoff war vorprogrammiert. Auf einmal schien es Nadine wie ein Wink des Schicksals, daß Ladylike gerade jetzt abfohlen sollte. Da mußte die Unterredung mit dem Vater eben warten. Es war feige, das war ihr klar. Trotzdem – aus der Ferne hörten die anderen sie rufen: »Ich komme wieder, ganz bestimmt!«

Neben Niko auf dem Strohballen hockend, lauschte Ulrike auf die vertrauten Stallgeräusche. Hier ein Scharren von Hufen, das Malmen eines Pferdemauls. Sie erinnerte sich daran, daß sie schon einmal dicht neben Niko die Nacht verbracht hatte, im Mülheimer Reit- und Fahrverein. Da hatte sie wie jetzt die Pferde in den Boxen nebenan schnauben hören.

»Was träumen Pferde wohl?« fragte sie leise.

Dem Zauber dieser Stallnacht war auch Niko erlegen. Stroh raschelte, irgendwo piepste eine Maus. Er lächelte und hoffte, daß die Stallkatze, die ihnen eben um die Beine gestrichen war, sie nicht erwischte.

»Pferde allgemein oder meinst du Ladylike?«

Es war alles wohl organisiert! Der Tierarzt erwartete ihren Anruf im Notfall. Soltaus Telefon stand neben dem Bett, damit sie jederzeit zu Hilfe kommen konnten. Noch rechtzeitig erschien Nadine, die von ihren Eltern die Erlaubnis erbettelt hatte, beim Abfohlen dabeisein zu dürfen. Die fünf wechselten sich bei der Stallwache ab. Jetzt lagen Andi, Ditte und Nadine hinten im Heu, während Ulrike und Niko wieder auf dem Strohballen saßen und vor sich hin dösten.

Mitternacht war lange vorbei, als Ladylike unruhig zu werden begann. Sie scharrte und hatte einen Schweißausbruch. Die Milch trat im Strahl aus. Die Stute legte sich nieder.

Und dann ging alles sehr schnell. Mit der Eröffnungswehe platzte die Fruchtblase von selbst, der Wasserschwall ergoß sich auf den Stallboden und schreckte die beiden Wächter auf.

»Himmel sei Dank, es liegt normal.« Inzwischen war Ulrike bestens informiert: Sie konnte die Vorderbeine mit dem daraufliegenden Kopf in der Fruchtblase oder Eihaut, wie man auch sagte, erkennen.

Einige starke Wehen, dann hatten Kopf und Schultergürtel das Becken Ladylikes passiert. Es dauerte nur wenige Sekunden, bis der übrige Körper ausgestoßen war.

Obwohl sie von den Wehen geschwächt war, erhob sich Ladylike sofort und begann, ihr Fohlen in der Fruchtblase mit der Zunge zu belecken.

»Dadurch wird es trocken«, wisperte Niko, der auf dem Sprung war, die Eihaut über der Schnauze des Fohlens zu zerreißen, damit es nicht erstickte.

»Laß, sie platzt auf!« gab Ulrike ebenso leise zurück. »Jetzt muß die Nabelschnur gleich abreißen.«

Während die Stute weiterleckte, löste sich die Nabelschnur an der von der Natur vorgesehenen Stelle. Nun lag das Fohlen im Stroh, ganz von der Fruchtblase befreit, schwarz und wunderschön.

»Ein Hengstfohlen«, stellte Ulrike mit einem Seufzer fest.

Assistiert von Niko, tat sie, was nötig war: Sie tauchte den Nabelstumpf in Jod und pinselte die Umgebung ebenfalls mit Jod ein.

»Glaubst du, Niko, wir müssen seinen Rücken mit Strohwischen abreiben?« fragte sie.

»Nicht nötig.« Niko lächelte.

Unter zwei aufmerksamen Augenpaaren erhob sich das Fohlen auf seine staksigen Beine und machte seine ersten Schritte auf das Euter zu. Doch ein vorsichtiges Schieben war schon nötig. Denn die Kolostralmilch mit den Antikörpern und ihrer abführenden Wirkung auf das Darmpech war so etwas wie eine natürliche Schutzimpfung.

Als es die Milchquelle mit Ulrikes Hilfe gefunden hatte, wandte Ladylike den Kopf mit der hübschen schmalen Blesse zu ihrem Sohn.

»Ist es nicht das schönste Fohlen überhaupt?« Ulrike konnte es gar nicht fassen.

Während sie noch damit beschäftigt waren, den kleinen schwarzen Kerl zu bewundern, kam die Nachgeburt wie ein bläulicher zipfliger Hautsack.

»Laß man, ich bring das weg.« Niko nahm die Nachgeburt hoch und verschwand nach draußen.

Binnen kürzester Zeit war er wieder da. Und erst jetzt, als sie der Stute und ihrem saugenden Fohlen zusahen, ging ihnen das Wunder der Geburt auf.

»Es ist einfach sagenhaft!« murmelte Ulrike.

Wieder wußte Niko nicht, was er sagen sollte. Von den beiden Pferden ging sein Blick zu Ulrike, die ihn lächelnd, aber mit verdächtig nach Tränen glänzenden Augen ansah. Er nahm das schmale Mädchen in seine Arme.

Was machte es schon, daß sie verschwitzt und dreckig waren. Während sie so standen, engumschlungen, die Gesichter aneinandergepreßt und restlos glücklich, schien die Zeit stillzustehen.

Ditte steckte vorsichtig den Kopf in die Stalltür und zog ihn schnell zurück. Sie hatte genug gesehen.

»Ein schwarzes Fohlen!« sagte sie zu Andi, der gerade gähnend aufstand.

»Was?« Andi war drauf und dran, den Stall zu stürmen. Es durfte doch nicht war sein, daß er das Abfohlen verpaßt hatte.

»Pscht!« Mit aller Kraft hielt Ditte ihn zurück. Sie deutete auf die schlafende Nadine.

Dann sagte sie: »Die beiden da drinnen wollen nicht gestört werden, glaub ich.«

»Ach so.« Einfühlsam wie immer, erkannte Andi, was Ditte damit sagen wollte, und handelte entsprechend, selbst wenn es ihm diesmal nicht leichtfiel.

Inzwischen war Ditte vor lauter Anspannung hellwach. So etwas Blödes aber auch; die Geburt des Fohlens versäumt; ansehen konnten sie es sich im Moment nicht – Diskretion war Ehrensache; wegen Nadine mußten sie leise sein!

Auf den Zehenspitzen wippend, schaute sie Andi mit ihren Katzenaugen herausfordernd an. »Wenn jetzt sogar schon Uli und Niko . . . Wie wär's mit ein paar Streicheleinheiten?

»Na, hör mal!« protestierte Andi hörbar. Aber er wurde rot bis zu den Ohrenspitzen.

»Mensch, Paul! Nun sei mal ganz ruhig. Es wird schon alles gutgeh'n.«

Benjamin »Benni« Heske, der Schmied, und Paul saßen vor Pauls Kate in der Sonne, tranken Bier und knabberten ein paar Salzstangen. Drinnen in der Stube lief der Fernseher mit der Sportschau. Mehrere Formel-1-Motoren und ein Reporter versuchten, einander an Lärm zu überbieten.

»Es passiert schon nichts.« Benjamin Heske öffnete eine neue Flasche Bier und schob sich eine Handvoll Salzstangenkrümel in den Mund. »Die Babsi ist 'n guter Reiter.«

»Die Babsi sah gestern abend aus wie eine Leiche auf Urlaub«, sagte Paul düster.

»Findest du?« Benjamin Heske trank genußvoll einen Schluck Bier. »Wir haben uns prima unterhalten. Mindestens eine Stunde lang. Sie war vielleicht ein bißchen blaß – aber ist das so verwunderlich? Wie eine Leiche auf Urlaub sah sie jedenfalls nicht aus, ganz im Gegenteil. Sie war richtig begeistert, wie gut du Pilot wieder hingekriegt hast.«

»Pilot!« Paul sprang auf. »Das ist es! Mit Pilot muß irgendwas passiert sein. Wahrscheinlich auf dem Rückweg von deiner Schmiede. Sag: Wann ist Babs bei dir losgeritten?«

»Warte mal...« Benjamin Heske blinzelte in die Sonne. »Ja, jetzt hab' ich's: genau um halb sieben.«

»Genau um halb sieben!« Paul setzte seine Bierflasche ab. »Und hier ist sie kurz vor neun aufgekreuzt... Fast zweieinhalb Stunden! Selbst wenn man durchweg Schritt reitet, braucht man bis zu deiner Schmiede nicht mehr als vierzig Minuten.«

»Vielleicht hat sie jemand getroffen, den sie kennt?« wandte Benni Heske ein.

»Nee, du, da ist was passiert!« Paul verstummte.

Leseprobe aus »Babsis größtes Rennen« von Elisabeth Buchholtz; erschienen bei Franckh-Kosmos, Stuttgart

Verwirrt schaute Atli von Philippa auf den Eimer, vom Eimer auf Philippa, bis der Hafer so dicht vor seiner Nase schwebte, daß er nur noch den Kopf zu senken brauchte.

»Nun friß schon, friß!« flehte Kerstin neben mir.

Doch Atli zögerte, erwartete wohl eine zweite Falle, eine weitere Heimtücke der Menschen. Wenigstens stand er still, wehrte sich nicht gegen den Strick und schnappte nicht nach Philippa, die ruhig dastand und den Eimer bereithielt.

Irgendwann gibt selbst ein Kämpfer wie Atli auf! Er erlag der Versuchung, zumal ihm der Haferduft verführerisch in die Nase stieg, und senkte den Kopf. Wie ein Hund, der sich einen Knochen aus seinem noch dampfenden Napf zieht, schnappte er nach dem Hafer, erwischte ein Maul voll, riß den Kopf wieder heraus und verstreute in seiner Hast das Futter im weiten Bogen. Beim zweiten Bissen ging er schon gemächlicher vor, zog den Kopf langsamer zurück und kaute mit mehr Ruhe. Doch er blieb mißtrauisch und beobachtete nicht nur Philippa, sondern auch uns ganz genau, bis der Eimer leer war.

Was würde Philippa als nächstes tun? Atli trug ein Halfter, es war verlockend, danach zu greifen. Doch nichts dergleichen geschah. Auf Philippas Zeichen hin lockerte Lukas den Strick, hob ihn hoch, und Atli tauchte darunter hindurch und war frei. Schnaubend und prustend stand er kurz darauf im Sand und schüttelte sich den Schweiß aus dem Fell.

»Morgen wieder«, rief Philippa ihm zu, »jeden Tag, bis du freiwillig kommst und dir deinen Hafer abholst.«

Ich schaute auf die Uhr und sah mit Erstaunen, daß es bereits Mittag war, doch bevor ich ging, lag mir noch eine Frage am Herzen.

»Darf ich wiederkommen, Frau Rudnick?«

Leseprobe aus »Philippas Pferdehof« von Susanne Kronenberg; erschienen bei Franckh-Kosmos, Stuttgart.

SPANNENDE ROMANE

Elke Müller-Mees

Ulrikes Sprung nach vorn

Ulrike hat gute Chancen, die Meisterschaften
auf dem Schleusenhof zu gewinnen. Doch
am Morgen des Turniers lahmt Paleyka, ihre
kleine, zuverlässige Stute, und darf auf
keinen Fall geritten werden...
112 Seiten; ISBN 3-440-06018-7

Elisabeth Buchholtz

Der Ponyhof muß bleiben

Hansens Ponyhof soll einem Schwimmbad
weichen! Für Julia und ihre Freunde ein
schrecklicher Gedanke. Erst sind sie nur
verzweifelt, doch dann nehmen sie den
Kampf auf: der Ponyhof muß bleiben!
152 Seiten; ISBN 3-440-06233-3

Franckh-Kosmos · Stuttgart

DIE UNGEWÖHNLICHE REITLEHRE

Horst Stern

So verdient man sich die Sporen

Eine Reitlehre für Anfänger. Aber doch keine übliche Reitlehre, die einem eine Menge Fachausdrücke um die Ohren schlägt. In einfachen Redewendungen, gewürzt mit einer großen Prise Humor, erklärt Horst Stern, wie man es anstellen muß, damit man später fest im Sattel sitzt.

205 Seiten, 112 Abbildungen
ISBN 3-440-04606-0

Franckh-Kosmos · Stuttgart